歷代統紀表

四部備要

史部

上海中華書局據自刻本校刊

桐鄉陸費逵總勘
杭縣高時顯
杭縣吳汝霖輯校
杭縣丁輔之監造

己卯二年

春三月

夏六月河決內黃

秋七月

八月子茂生九月立賢妃劉氏爲皇后竄右正言鄒浩于新州

邢恕免

章楶大敗之獲其將嵬名阿埋

遼人爲夏請和 夏求援于遼

洮西安撫使王贍取吐蕃邈川青唐降其酋瞎征 初阿里骨死子瞎征嗣至是王贍取青唐引兵趨邈川瞎征知其下多叛脫身自青唐來降于贍

閏月子茂卒

吐蕃隴拶復據青唐王贍擊降之詔以青唐爲鄯州邈川爲湟州

瞎征既降于王贍而贍與總管王愍爭功入訟于朝青唐大酋心牟欽氈迎董氈踈族溪巴溫入城立木征之子隴拶爲主其勢復張贍急攻隴拶及心牟欽氈等皆出降

冬十一月

許夏人通好

庚辰 三年

春正月帝崩端王佶卽位

太后權同聽政赦

史臣曰哲宗以沖幼踐祚宣仁同政召用諸賢罷廢新法故元祐之政庶幾仁宗奈何熙豐舊姦拔去未盡已而媒糵復用卒假紹述之言務反前政報復奮戾馴致黨禍君子盡斥而國政益敝矣

尊皇后劉氏爲元符皇后

二月立皇后王氏后開封人德州刺史璪之女

以韓忠彥爲門下侍郎黃履爲尚書右丞

三月詔求直言

詔許劉摯梁燾歸葬錄其子孫

召龔夬爲殿中侍御史陳瓘鄒浩爲左右正言韓忠彥薦之也

棄鄯湟州以畀吐蕃竄王贍于嶺南未至自殺王贍留鄯州縱所部剽掠羌衆攜貳心牟等結諸族帳謀反夏衆十萬助之贍棄青唐還朝論請棄其地且謂隴拶乃木征之子遂

夏四月朔日食

以韓忠彥爲尚書右僕射兼中書侍郎李清臣爲門下侍郎蔣之奇同知樞密院事

復范純仁等官徙蘇軾等于內郡

范純仁自永州徙鄧州在道拜觀文殿大學士既又遣使趣入覲純仁乞歸養疾帝不得已許之且曰范純仁得識一面足矣軾自昌化移廉徙永更三赦復提舉玉局觀未幾卒于常州

五月詔復哲宗廢后孟氏爲元祐皇后

命知鄯州賜姓名曰趙懷德其弟曰懷義同知湟州

蔡卞有罪免
追復文彥博王珪司馬光呂公著呂大防劉摯等三十三人官從韓忠彥之言也

六月

秋七月太后罷聽政

八月葬永泰陵

九月章惇有罪免

冬十月復以程頤判西京國子監

蔡京有罪免削林希官徙知揚州徽宗初政清明正人漸用小人漸去如蔡卞邢恕章惇安

邢恕有罪安置均州

安惇蹇序辰有罪除名放章惇于潭州

惇蹇序辰蔡京林希等或免官或安置或除名或放逐或削爵必曰有罪則其嫉惡之旨嚴矣

以韓忠彥曾布為尚書左右僕射兼門下中書侍郎

十一月詔改元

時議以元祐紹聖均有所失欲以大公至正消釋朋黨遂詔改明年元為建中靖國由是邪正雜進矣

以安燾知樞密院事黃履免

置春秋博士

以范純禮為尚書右丞

女真攻阿疎城取之

徽宗皇帝

名佶神宗第十一子哲宗弟在位二十五年壽五十四歲

辛巳 建中靖國元年

春正月朔有赤氣亘天

右正言任伯雨曰正歲之始赤氣起于暮夜之幽此宮禁陰謀下干上夷狄竊發之證者也

高平公范純仁卒

皇太后向氏崩

諡欽聖憲肅

追尊太妃陳氏爲欽慈

皇后陪葬永裕陵

陳氏帝生母也

二月

高平公范純仁卒

純仁性夷易寬簡不以聲色加人誼所在挺然不少屈嘗曰吾平生所學得之忠恕二字一生用不盡

貶章惇爲雷州司戶參軍

任伯雨論惇久竊朝柄迷國罔上章八上不報會臺諫陳瓘陳次升復極論之

遼耶律洪基死孫延禧立

遼主卒于混同江行宮年七十孫延禧即位是爲天祚皇帝改元乾統在位二十五年壽五十四歲

三月

夏四月朔日食

葬欽聖憲肅皇后

六月罷尚書右丞范純禮

純禮沉毅剛正曾布憚之譖駙馬都尉王詵曰上欲除君承旨范右丞不可詵怒會詵館遼使純禮主宴詵誣其輒斥御名遂罷知潁昌州

秋七月安燾罷以蔣之奇知樞密院事章楶同知院事陸佃爲尚書右丞

冬十月李清臣免

乃貶雷州

罷權給事中任伯雨爲度支員外郎

罷左司諫江公望

罷權給事中陳瓘知泰州

十一月以陸佃溫益爲尚書左右丞

再詔改元 曾布主于紹述請改明年元爲崇寧帝從之

復召蔡京爲翰林學士承旨 童貫曾布等引之也 罷禮部尚書豐稷復蔡卞邢恕呂嘉問安惇蹇序辰等官

壬午

崇寧元年

春正月河東地震 太原等十一郡地震彌旬晝夜不止壞城壁屋宇人畜死者甚衆

二月太妃朱氏卒謚曰欽成皇后祔葬永裕陵 哲宗生母也

後理段正淳立 凡八傳九十二年傳至興智爲元滅之

三月

夏五月罷韓忠彦知大名府復追貶司馬光等四十四人官

詔籍元祐元符黨人陸佃罷

以許將溫益爲門下中書侍郎蔡京趙挺之爲尚書左右丞

閏六月曾布免出知潤州

秋七月以蔡京爲尚書右僕射兼中書侍郎

禁元祐法置講議司于都省

命宦者童貫製御器于蘇杭州

講議熙寧已行法度及神宗欲行而未暇者以其黨吳居厚王漢之等爲僚屬自是法制無常矣○嗚呼汴宋之禍始于神宗安石終于徽宗蔡京

章楶罷

復罷春秋博士

八月詔天下興學貢士作辟雍于都城南

美事也但作于貶斥正人之後乃所以譏之爾

以趙挺之張商英爲尚書左右丞

復紹聖役法

九月立黨人碑于端禮門

籍元符末上書人分邪正等黜陟之

考元符三年夏四月丁酉朔日食之變于時上書者有崔鶠極論章惇之惡既而又有陳師錫陳瓘豐稷等相繼論蔡京之奸故至是追懲諸公也

冬十月蔣之奇罷

復廢元祐皇后孟氏貶韓忠彥等官竄豐稷陳瓘等于遠州

以蔡卞知樞密院事

十二月追謚哲宗子茂爲獻愍太子竄鄒浩于昭

遼將蕭海里叛女真部節度使盈哥擊斬之

海里叛遼逃入女真遼主命女真部節度盈哥討之盈哥使兄子阿骨打與海里戰海里中流矢墜馬阿骨打執而殺之函其首獻于遼遼主大喜盈哥自是知遼兵之易與益自肆矣未幾盈哥死兄子烏雅束嗣

州

癸未 二年

春正月安置任伯雨等十二人于遠州

以蔡京爲尚書左僕射兼門下侍郎

二月尊元符皇后劉氏爲皇太后宮名崇恩

三月詔黨人子弟毋得至闕下

夏四月詔毀司馬光等景靈宮繪像

以趙挺之爲中書侍郎

張商英吳居厚爲尚書左右丞安惇同知樞密

温益卒

詔童貫監洮西軍六月貫及安撫王厚復湟州貶韓忠彥等官有差

院事
除故直祕閣程頤名
秋八月張商英罷
九月令州縣立黨人碑
冬十月置都大軍器所
十一月

甲申 三年
春三月大內災

高麗與女真通好

遼封耶律淳為越王 淳興宗宗真之孫也篤好文章昭懷太子之得罪也道宗嘗欲立為太子羣臣不可遼主延禧即位寵待加厚至是封為越王留守東京

高麗侵女真女真敗之

夏五月封蔡京爲嘉國公
置京西北路交子所
六月圖熙寧元豐功臣于
顯謨閣
以王安石配享孔子（徽宗徒遺萬年之臭也）
重定黨人刻石朝堂（通三百九人）
秋七月復行方田法
九月以趙挺之吳居厚爲
門下中書侍郎張康國
鄧洵武爲尚書左右丞
罷科舉法
冬十二月復封孔子後爲

王厚復鄯廓州
以厚爲武勝節
度留後

安惇卒

衍聖公

乙酉 四年

春正月蔡卞罷

二月以張康國知樞密院事劉逵同知院事何執中爲尙書左丞

三月

夏四月

五月除黨人父兄子弟之

以童貫爲熙河蘭湟秦鳳路經略安撫制置使

夏人寇涇原遂誘吐蕃圍宣威城執知鄯州高永年殺之

夏人入寇鄜延將劉延慶等敗之

禁

六月趙挺之罷

秋七月還上書流人

九月詔徙元祐黨人于近地

冬十一月

丙戌

五年

春正月彗出西方長竟天

以吳居厚爲門下侍郎

劉逵爲中書侍郎

以朱勔領蘇杭應奉局及花石綱

徽宗任市井乞兒爲此縱欲逆天之事其與隋煬帝陳後主一律也

詔求直言毀黨人碑復
謫者仕籍
二月蔡京有罪免
以趙挺之爲尚事右僕
射兼中書侍郎
三月罷求直言
秋七月朔日當食不虧
冬十二月朔日當食不虧
羣臣稱賀
曆官擇術不精失于詳究耳

丁亥 大觀元年
春正月以蔡京爲尚書左
僕射兼門下侍郎吳居
厚罷以何執中爲中書
侍郎鄧洵武梁子美爲

許夏人平

尚書左右丞

三月趙挺之罷以何執中鄧洵武爲門下中書侍郎梁子美朱諤爲尚書左右丞以鄭居中同知樞密院事尋罷

立八行取士科 八行孝友睦婣任恤忠和也

夏五月鄧洵武免

詔諸路監司勿任元祐學術者

秋九月故直祕閣程頤卒

以蔡攸爲龍圖閣學士兼侍讀	以蔡嶷爲給事中	程頤卒 頤于書無所不讀其學本于誠以大學論語孟子中庸爲標指而達于六經卒得孔孟不傳之學爲諸儒

冬十一月朔日食
十二月加蔡京太尉
黃河清

戊子
二年
春正月朔受八寶于大慶殿赦
二月
夏五月朔日食
秋八月皇后王氏崩諡曰靖和
冬十二月葬靖和皇后
詔以孔伋從祀孔子廟

倡世稱爲伊川先生卒年七十五

以葉夢得爲翰林學士

涪州夷內附以其地爲珍承州

安化諸州蠻內附

己丑三年

春二月

夏五月

六月蔡京有罪免以何執中爲尚書左僕射兼門下侍郎

冬十一月詔蔡京以太師致仕留京師

流孟翊于遠方

翊獻所書卦象謂宋將中微有再受命之象宜更年號改官名變之庶事以厭之帝不樂詔竄之遠方

渝州蠻內附以其地爲溱州

南平夷內附以其地爲遵義軍及播州

瀘州夷內附以其地爲純滋州

庚寅 四年

夏五月彗出奎婁詔直言闕失貶蔡京爲太子少保出居杭州

六月以張商英爲尚書右僕射兼中書侍郎

秋九月朔日食

冬十月立貴妃鄭氏爲皇后 后開封人本欽聖殿押班帝即位欽聖太后遂以賜帝

辛卯 政和元年

秋八月張商英罷

九月

遣端明殿學士鄭允中及童貫使遼

冬十月

竄管陳瓘于台州

童貫以遼李良嗣來命爲秘書丞賜姓趙

遼李良嗣入朝命爲秘書丞賜姓趙

壬辰

二年

春二月復蔡京太師賜第京師

夏四月復行方田○禁史學

五月詔蔡京三日一至都堂議事

冬十一月以何執中爲少傅

十二月加童貫太尉

癸巳 三年

春正月追封王安石爲舒王安石子雱爲臨川伯從祀孔子廟

以何執中爲太宰

二月太后劉氏自殺

劉婕妤也謚昭懷

三月朔日食

夏四月作玉清和陽宮

五月葬昭懷皇后

頒新燕樂

秋八月以何執中爲少師

九月賜方士王老志號洞微先生王仔昔號通妙先生

冬十一月祀天于圜丘以天神降詔百官

十二月詔求道教僊經于天下

宋徽宗政和四年

甲午 四年

春正月置道階

夏五月祭地祇于方澤

秋八月新作延福宮成

冬十月

十一月

女真阿骨打自稱都勃極烈 都勃極烈宮長也已見叛遼之意也

女真阿骨打叛遼取寧江州

遼遣都統蕭嗣先伐女真阿骨打迎戰于混同江遼軍大敗

十二月

以童貫爲陝西經略使

遼賓解咸三州及鐵驪部叛降女眞

乙未 五年

春正月

同姓王

異姓臣

金

女眞完顏阿骨打稱帝國號金

阿骨打斥慶勝遼其弟吳乞買勸稱帝阿骨打不許阿離合懣蒲家奴粘沒喝等復以爲言阿骨打遂即皇帝位且曰遼以賓鐵爲號取其堅也然終變壞唯金不變不壞況所居按出虎水之上于是國號大金改元收國○女眞國

夏

童貫遣熙河將劉法敗夏人于古骨龍

遼附諸蠻夷

遼遣使如金議和金不從

宋徽宗政和五年

二月立定王桓爲皇太子赦

桓帝長子顯恭皇后所生

秋七月朔日食

以童貫領六路邊事

語謂金爲按出虎○金本女真部落古肅愼氏地在混同江東長白水鴨綠之源在南者附契丹號熟女真在北者有白山黑水不附契丹號生女真生女真自烏古迺擒遼叛將獻遼遼授爲生女真部節度使遼傳至太祖苦遼暴虐務面慟哭與宋徽宗連師滅遼于是國勢日強

八月作明堂 有星流出于柳其光照地色赤黃有尾 九月		冬十二月	丙申 六年 春正月賜方士林靈素號通真達靈先生
			以童貫爲陝西兩河宣撫使
遼伐金九月金取遼黃龍府		金襲遼大敗之	
	王厚等攻夏臧底河城敗績夏人遂大掠蕭關		童貫使劉法攻夏仁多泉城屠之渭州將种師道克夏臧底河城
遼伐金	遼軍渡混同江副都統耶律章奴作亂伏誅		遼將高永昌據遼陽以叛

閏月立道學從林靈素之言詔太學辟雍各置內經道德經莊列博士二員

二月作上清寶籙宮成

夏四月何執中罷

詔蔡京三日一朝總治三省事

五月鄭居中為少保太宰劉正夫為少宰鄧洵武知樞密院事

六月

秋九月帝詣玉清和陽宮上玉帝徽號赦

金人攻高永昌殺之遂取遼東京州縣

金人攻高永昌殺之

遼以耶律淳為都元帥

冬十月以白時中爲尚
書右丞
十一月劉正夫罷

丁酉 七年
春二月帝幸上清寶籙
宮命林靈素講道經
夏四月道籙院上章冊
帝爲教主道君皇帝
六月明堂成
秋七月熙河環慶涇原
地震

夏人寇涇原
屠靖夏城

茂州夷內附
置壽寧延寧
軍

大理入貢
廣州觀察
使黃璘誘
大理入貢
詔以其主
段和譽爲
雲南節度
使封大
理國王

旬日不止

八月鄭居中罷

冬十一月命蔡京五日一赴都堂治事

起復鄭居中爲太宰以余深爲少宰白時中爲中書侍郎薛昂爲門下侍郎

十二月方士王仔昔下獄死林靈素誣之也

有星如月南行西晉之末五星經天縱橫無常唐末星交流如織今此有星如月南行可謂變異之甚矣故自

遼置怨軍取報怨于女真之意

是而後兵禍滋熾宇縣分裂生民屠戮幾盡歷二十餘年而後止

帝言天神降于坤寧殿詔示百官

以童貫領樞密院事

內侍自古無賜坐者時貫加開府儀同三司每春秋大燕則坐于執政之上日與安相同班進呈畢卽自屏後入內復易窄衫與羣閹爲伍出則爲大臣入則爲近侍古之所未有也

作萬歲山

以童貫領樞密院事

竄侍御史黃葆光于昭州

直臣也

金取遼八州

金遣使求封冊于遼

遼耶律淳及金將斡魯古戰于蒺藜山敗走金遂取遼八州

戊戌

重和元年

春正月作定命寶成

其文曰範圍天地幽贊神明保合太和萬壽無疆

二月遣武義大夫馬政浮海使金約夾攻遼

夏五月朔日食

秋七月以鄭居中爲少傅余深爲少保

八月以童貫爲太保

九月掖庭大火

童貫閹人爲太保而掖庭大火天變可畏也

鄭居中罷

閏月立周恭帝後

以童貫爲太保

世世爲國三恪

冬十二月

己亥 宣和元年

春正月詔更寺院爲宮觀

以余深爲太宰王黼爲少宰

二月以鄧洵武爲少保

三月

遼大饑人相食

占城入貢

占城在中國西南東至海西至雲南南至真臘一月程西北至交州四十日所統大小聚落一百五自上世末通中國周顯德中始入貢其後朝貢不絕主是封爲王

遼遣使冊金阿骨打爲東懷國皇帝阿

劉法及夏人戰于統安城敗走夏人追

夏四月朔日食
五月京師大水
六月夏人來詔童貫罷兵以貫爲太傅
秋八月范致虛罷
九月幸蔡京第

骨打不受
東懷乃小邦懷其德之意遼以之冊金以金之意以爲若是者則處我一附庸也
殺之

以童貫爲太傅

金製女真字
女真初無文字及獲契丹漢人始通契丹漢字金主遂命谷神依倣漢人楷字因契丹字制度合本國語製女真字行之

加蔡攸開府儀同三司
冬十月頒紹述熙豐政事書于天下
十一月以張邦昌王安中爲尙書左右丞
十二月帝數微行竄祕書省正字曹輔于郴州
帝多微行曹輔上疏極諫帝得疏令赴都堂審問余深曰小官何敢論大事輔曰大官不言故小官言之王黼謂張邦昌等曰有是事乎皆應以不知輔曰里巷小民無不知者相公當國獨不知邪曾此不知焉用彼相黼怒命吏從輔受
召楊時爲祕書郎

詞輔操筆曰區區之心一無所求愛君而已退而待罪于家

庚子 二年

春正月罷道學○林靈素有罪放歸田里

三月

夏五月

六月詔蔡京致仕

秋八月金人來議攻遼及歲幣遣馬政報之

以余深爲少傅

遼復遣使如金議冊禮金不許

金侵遼上京留守耶律撻不野以城降

冬十月朔日食
加內侍梁師成太尉
十一月余深罷以王黼
爲少保太宰

加內侍梁師成爲太尉
睦州人方臘作亂詔童貫發兵討之
初唐末永徽中睦州女子陳碩真反自稱文佳皇帝故其地相傳有天子基𡏖因得憑藉以自信臘有漆園造作局屢酷取之特吳中困于朱勔花石之擾臘因民不能忍陰聚衆作亂自號聖公建元永樂

十二月

真臘入貢 真臘在占城南地方七千里政和中始通中國至是遣郎將來朝詔封其主金裒賓深爲國王恩此占城

辛丑 三年

春正月鄧洵武卒

詔罷蘇杭應奉局花石綱

二月罷方田

罷州縣學三舍法

淮南盜宋江掠京東諸郡知海州張叔夜擊降之 江以三十六人橫行河朔轉掠十郡侯蒙上書以江討方臘自

遼都統耶律余覩叛降金 遼主次子晉王敖盧斡遼主文妃蕭氏所生余覩文妃之妹壻也元妃之兄蕭奉先誣文妃與余覩謀立

夏四月

五月以鄭居中領樞密院事

閏月復置應奉司

秋七月黑眚見于禁中

八月加童貫太師封楚

賻帝命蒙知東平府未赴卒命張叔夜知海州夜覘江趨海濱募死士伏戰擒其副賊江乃降

童貫合兵擊方臘破之執臘以歸

安置御史中丞陳過庭于黃州因上言誅蔡京王黼朱勔三人也

加童貫太師

晉王遼主賜文妃死余覩在軍中聞之懼率千餘騎叛降于金

國公

九月以王黼爲少傅鄭居中爲少師

冬十月

十一月馮熙載罷以張邦昌爲中書侍郎王安中李邦彥爲尚書左右丞

封楚國公方臘伏誅臘遁幫源洞據巖屋爲窟幹世忠挺身擒臘以出

詔童貫復領陝西兩河宣撫使

金侵遼中京初遼耶律余覩奔金金粘沒喝言于金主曰遼可乘釁取遼中京金主即以余覩爲鄉道侵遼中京

壬寅　四年

春正月以蔡攸爲少保

金克遼中京

遼耶律延禧殺其子晉王敖盧斡走雲中

晉王敖盧斡余覩之甥也金克中京蕭奉先言于遼主曰余覩此來欲立甥耳爲社稷計何惜一子耶律撒八等謀立敖盧斡事覺遼主遣人縊殺之敖盧斡素有人望諸軍聞其死由是人心解體余覩引金兵逼遼主行宮遼主走雲中遺傳國璽于桑乾河

御批　遼之建國在宋之先相鄰百有餘年一旦乘遼之敝結金以圖之不知唇亡齒寒失策極矣矧信誓昭然甘于背弃其不祥孰大焉固不待靖康之末而知其傾覆已

二月			管勾太平觀陳瓘卒		
三月	詔童貫蔡攸等勒兵巡邊以應金			金克遼西京	金襲遼軍延禧走夾山 遼燕京留守李處溫等以耶律淳稱帝遼廢其主延禧爲湘陰王 金克遼西京
夏四月				金取遼東勝諸州獲阿疎以歸	
五月			童貫進兵擊遼敗績退保雄州詔班師		

六月以王黼爲少師

秋七月詔童貫蔡攸再舉伐遼以劉延慶爲都統制

八月

冬十月以蔡攸爲少傅判燕山府

十二月萬歲山成更名曰艮嶽

戶部獻今年民數

	金阿骨打襲遼延禧于石輦鐸延禧敗走	
夏人救遼金襲敗之于宜水		
遼耶律淳死其妻蕭氏稱太后主國事李處温伏誅		金克遼燕京耶律淳妻蕭氏奔天德

時天下分爲二十六路京府四府三十州二百五十四縣一千二百三十四戶二千八十八萬二千二百五十八口四千六百七十三萬四千七百八十四戶口視西漢盛時蓋有加焉

癸卯 五年

春正月

二月

金太宗完顏吳乞買天會初年

金以遼平州爲南京命張轂留守

遼知北院樞密事奚回离保自稱奚帝

遼延禧追廢淳爲庶人殺淳妻蕭氏

夏四月金人來歸燕及涿易檀順景薊之地
詔童貫蔡攸班師
五月以楊時爲邇英殿說書以王黼爲太傅總治三省事鄭居中爲太保蔡攸爲少師進封童貫爲徐豫國公居中辭不拜尋卒
六月金張瑴以平州來歸
以蔡攸領樞密院事

金襲遼延禧于青塚獲其子女族屬從臣以歸延禧邀戰敗績走雲內

金遣使如夏

遼延禧奔夏都統蕭特烈以梁王雅里稱帝奚回离保爲其下所殺

金張瑴以平州來歸

秋七月童貫致仕

禁元祐學術

詔令毀司馬光等文集板凡舉人傳習元祐學術者以違制論又詔蘇軾黃庭堅等片文隻語並令焚毀勿存

八月朔日食

詔加郭藥師太尉

冬十月

以內侍譚稹為兩河燕山路宣撫使		詔建平州為泰寧軍以張瑴為節度使
	金阿骨打死弟吳乞買立（在位十三年壽六十一）	
	遼部統蕭幹自稱奚帝引兵破景薊州遂攻燕與郭藥師戰敗走死	遼雅里死蕭特烈等復立耶律朮烈為帝（朮烈聖宗孫也）

十一月幸王黼第觀芝

甲辰 六年

春正月

三月

閏月京師河東陝西地震

宮殿門皆搖動有聲蘭州更甚諸山草木悉沒入而山下麥苗皆在山上

金人歸武朔州

金天會二年

金人來索糧不與

譚稹之意

夏稱藩于金

金以邊地畀之

遼朮烈及蕭特烈爲亂兵所殺

秋七月

八月譚稹罷復以童貫領樞密院事兩河燕山路宣撫使○赦以復燕雲也

九月以白時中爲太宰李邦彥爲少宰趙野宇文粹中爲尚書左右丞蔡懋同知樞密院事

冬十一月王黼有罪免置講議財利司罷應

遼延禧復東勝諸州至武州與金人戰敗走山陰

奉司

十二月詔蔡京復領三省事

都城有女子生髭詔度爲道士

乙巳 七年

春正月

河北山東盜起

山東張僊衆至十萬又張迪衆至五萬河北高托山號三十萬自餘二三萬者不可勝數

金天會三年

遼延禧如党項二月至應州金將婁室獲之以歸

遼耶律大石稱帝于起兒漫

御批
蔡京以朋劣之流依附小人以圖登進卽當燭

夏四月勒蔡京致任
復元豐官制
六月封宦者童貫爲廣陽郡王

封童貫爲廣陽郡王
前寶文門待

是爲西遼先是大石以諫遼主不從遂殺北院樞密蕭乙薛自立爲王率衆西走至可敦城駐于北庭都護府會西鄙七州十八部諭以與復事得精兵萬餘至尋思干西域諸國舉兵十萬號忽兒珊來拒戰大石擊敗之又西行至起兒漫羣臣共冊立大石爲帝改號延慶上尊號曰天祐皇帝

其姦回決意屏黜迫其誤國而始逐之已無及矣用人之道誠不可不慎之于始也

秋七月熙江蘭州河東地震 熙河地震有裂數十丈者蘭州尤甚倉庫皆沒		制劉安世卒			
八月					金廢遼延禧爲海濱王
九月有狐升御榻而坐					
冬十月			金將粘沒喝斡离不分道入寇		
十一月郊		太常少卿傅察使金不屈死之			
十二月童貫自太原逃歸金遂圍太原			金斡离不入檀薊州郭藥師以燕山叛		

罷花石綱及內外製造局
詔內侍梁方平帥衛士守黎陽
以皇太子爲開封牧
詔天下勤王許臣庶直言極諫罷道官及行幸諸局
詔熙河經略使姚古秦鳳經略使种師中將兵入援
帝傳位于太子太子卽位尊帝爲教主道君太上皇帝皇后爲太上皇后
以李綱爲兵部侍郎
立皇后朱氏

降金金盡陷燕山州縣

后武康節度使伯材之女

以耿南仲簽書樞密院事

太學生陳東上書請誅蔡京等六人

欽宗皇帝

名桓徽宗子在位一年壽六十一歲

丙午 靖康元年

春正月詔中外臣庶直言得失

以吳敏知樞密院事

李梲同知院事

太上皇出奔亳州遂如鎮江

梁方平之師潰于黎陽金人遂渡河

竄王黼于永州至雍丘盜殺之

賜李彥死籍

金天會四年

御批李綱之忠悃篤摯誠有大過人者第靖康之時國勢已不可爲即使盡行其言久居其位亦未必有濟也

以李綱爲尚書右丞東京留守兼親征行營使京師戒嚴

以李邦彥爲太宰張邦昌爲少宰

遣使督諸道兵入援

金斡离不圍京師李綱力戰禦之金人來議和詔出內帑及括借士民金帛與之遣康王構及少宰張邦昌往爲質

种師道帥師入援以師道同知樞密院事統四方勤王兵

康王構出質于金 康王道君皇帝第九子韋聖妃所生也

其家

放朱勔歸田里

都統制馬忠敗金人于順天門

以楊時爲右諫議大夫兼侍講

賜梁師成死

二月罷李綱以謝金人
太學生陳東上書請
復用李綱詔以綱爲
尚書右丞京城防禦
使
除元祐黨籍學術之
禁
廢苑囿宮觀可以與
民者
更以肅王樞爲質于
金康王構還
詔割三鎮地以畀金
金斡离不引兵北去
京師解嚴
以張邦昌爲太宰吳
敏爲少宰李綱知樞

肅王樞爲質
于金康王構
還

宋欽宗靖康元年

密院事耿南仲李棁爲尚書左右丞

种師道罷

三月詔李綱迎太上皇于南京

夏四月太上皇至京師

立子諶爲皇太子

召河南尹焞至京師賜號和靖處士遣還

焞洛人師事程頤終身不就舉聚徒洛中非問疾弔喪不出士大夫宗仰之种師道薦其德行召至京師不欲留賜號遣還

五月罷王安石配享孔子猶從祀廟庭

六月詔諫官極論闕失

以楊時兼國子祭酒

梁方平伏誅

國子祭酒楊時致仕

夏人陷天德雲內諸城金人襲取之

天狗星隕有聲如雷

考之隕之義自天而隕沒于半空而不至地之謂也

彗出紫微垣

漢成帝永始中有星隕之異其後五侯擅權賊莽居攝今焉天狗星隕彗出紫微汴宋將亡之徵顯矣

秋七月竄蔡京于儋州道死

童貫伏誅

九月蔡攸朱勔伏誅

罷李綱知揚州謫劉珏胡安國于遠州

罷西南勤王兵

	蔡京道死 童貫伏誅	蔡攸朱勔伏誅 置四道都總管府以李回為大河守禦
	金斡离不粘沒喝復分道入寇	金粘沒喝陷太原 金斡离不陷真定
		夏人陷西安州

從唐恪耿南仲之議也

冬十月安置李綱于建昌軍

十一月下哀痛詔徵兵于四方

詔王雲副康王構使金軍許割三鎮至磁州州人殺雲構還次相州

遣耿南仲聶昌使金軍許盡割兩河地昌爲絳人所殺南仲奔相州

以范致虛爲陝西五

使折彥質爲河北宣撫副使

罷御史中丞呂好問

种師道卒

岳飛爲承信郎 飛相州湯陰人少負氣節家貧力學好左氏春秋孫吳兵法有神力能挽弓三百斤弩八石劉韐宣撫真定募敢戰士飛與焉至是因劉浩以見王故授是職

以郭京選六

金粘沒喝陷河東諸州郡軍

李回折彥質師潰金人遂渡河陷西京

詔馮澥使金軍請和

夏人陷懷德

路宣撫使會兵入援
金兵圍京城要帝出
盟
南道都總管張叔夜
將兵勤王
閏月唐恪免以何㮚爲
尚書右僕射兼中書
侍郎
金人要親王出盟遣
馮澥曹輔以宗室往
受盟金人不許
詔康王構爲天下兵
馬大元帥
彗星出長竟天
郭京出禦金軍敗走
京城陷帝如金營請

甲兵以禦金

金斡离不粘沒喝圍京城要帝出盟

康王構爲天下兵馬大元帥

降

史臣曰金人自陷太原以來卽以講和割地爲言李邦彥吳敏耿南仲唐恪皆墮其計獨何㮚孫傅以爲地不可割朝廷任之然初無奇策可以濟難及城破乃反傾意講和夫不信于造謀之始而信于城破之後棄天下之望致君播遷由惑于和議而戰守不固也

十二月康王構帥師入衛次于東平

帝至自金營遣使如兩河割地以畀金

范致虛會師入援至鄧州師潰

丁未

二年 高宗皇帝構建炎元年

春正月詔兩河民降金民不從

帝命太子監國復如金軍 何㮚李若水從之行

大風霾雲霧四塞

二月金劫上皇及后妃太子宗戚至其軍吏部侍郎李若水死之

康王構次于濟州 觀此康王誠無意救君父之難矣

金人議立異姓執孫

河東割地使劉韐自經于金軍 金人嘆其忠瘞之寺西岡上遍題窗壁以識其處

副元帥宗澤大敗金人于衛州

金天會五年

西遼耶律大石建都于虎思 西遼主引兵東還行二十日得善地遂建都城號虎思斡耳朶改元康國

傳張叔夜及御史中
丞秦檜
三月金立張邦昌爲楚
帝閤門宣贊舍人吳
革率衆討邦昌不克
而死
夏四月金人以二帝及
后妃太子宗戚三千
人北去
張邦昌號哲宗廢后
孟氏曰宋太后
五月康王即皇帝位于
南京大赦改元
遙上靖康帝尊號曰
孝慈淵聖皇帝

金立張邦昌爲楚帝	郭京伏誅	

以黃潛善爲中書侍郎汪伯彥同知樞密院事

高宗即位之初而用非其人則其政蓋可見矣

尊哲宗廢后孟氏爲元祐太后遙尊韋氏爲宣和皇后遙立夫人邢氏爲皇后

以張邦昌爲太保封同安郡王五日一赴都堂參決大事

耿南仲免召李綱爲尚書右僕射兼中書侍郎

簽書樞密院事張叔

遣馬忠等追擊金軍

竄李邦彥吳敏蔡懋李棁宇文虛中耿

宋欽宗靖康二年

夜自殺于金軍

金虜犯闕叔夜以孤軍入衛勤王之忠已見及北還之後又不食其粟而死則始終之義可無憾矣

南仲鄭望之李鄴等于遠州

論主和誤國割地罪也

追貶蔡確蔡卞邢恕等官

以誣謗宣仁聖烈皇后也

以宗澤知襄陽府

澤見帝于應天帝欲留之黃潛善沮之故出

安置監察御史張所于江州

張所陳帝還京城有五利其識見豈出李

六月李綱至行在固辭
相位不許
以黃潛善爲門下侍
郎
贈李若水霍安國劉
韐官詔諸路訪死節
之臣以聞
以李綱兼御營使
子旉生大赦
還元祐黨籍及元符
上書人官爵
以汪伯彥知樞密院
事
遣宣義郎傅雱使金

綱宗澤之下哉

安置張邦昌于潭州

御批
徽欽北行年餘宋之諸臣末有能畫一策者曹

軍通問二帝 以宗澤爲東京留守 澤累表請帝還京師 不報 詔諸路募兵買馬勸 民出財 秋七月元祐太后如揚 州 帝從汪伯彦黃潛善言幸揚州避敵遣使奉太后先行 閤門宣贊舍人曹勛 以上皇手書至自金 曹勛至南京以書進帝泣以書示輔臣勛因建議募死士入海至金東境奉上皇由海道歸執	
以張所爲河北招撫使	罷四路都總管
金斡离不卒	

勛所議雖涉險道未必得當然其亟于君父之心則猶可取也

政難之出勛于外

八月以李綱黃潛善爲尚書左右僕射兼門下中書侍郎

罷李綱提舉洞霄宮

殺太學生陳東布衣歐陽澈

以上書留李綱而罷汪黃也

封子旉爲魏國公

張邦昌伏誅

安置河北招撫使張所于嶺南

張邦昌伏誅

初邦昌僭居禁中華國靖恭夫人李氏嘗以果實奉之邦昌亦以厚禮答之一夕邦昌被酒李氏擁之曰大家事已至此尚何言因以赭色半臂加邦昌身披入福寧殿夜飾養女陳氏以進及邦昌還東府李氏私送之語斥乘輿至是事聞下李氏于獄詞伏詔馬伸如潭數邦昌之罪賜死併誅

金盡陷河北州郡

冬十月帝如揚州
十一月竄李綱于鄂州
十二月

王時雍等

金人分道入寇遂陷西京留守孫昭遠走死

高宗皇帝

名構欽宗弟在位三十六年壽八十一歲

戊申 建炎二年

春正月京西州郡皆陷

以劉豫知濟南府

豫景州阜城人宋元符中登第累官至殿中侍御史被劾出爲兩浙察訪金人南侵

金天會六年

金人陷鄧州安撫使劉汲死之
金將兀朮犯東京宗澤敗之

棄官走張懟薦之知濟南府豫到郡金人利誘之百姓遮豫願以死守豫竟出降金人徙豫知東平節制河南兵馬及張邦昌廢豫使于麟以重賂結粘罕及其腹心高慶裔輩求僭號粘罕假以百姓推戴請于金主立豫爲帝國號大齊改元阜昌初據東平繼遷于汴簽發鄉兵三十餘萬付子麟姪猊領之分道寇宋大敗而歸豫猶請戰不已金主下詔廢爲蜀王父子並徙上京豫僭位凡八年至上京改封曹王而死

二月金粘沒喝焚西京而去

三月翟進復之詔以進爲京西北路安撫使

夏四月

和州防禦使馬擴聚兵于真定五馬山奉信王榛以總制諸砦榛上皇子擴得于民間奉之以總制諸砦

翟進爲京西北路安撫使

以信王榛爲河外兵馬都元帥

工部侍郎兼侍講楊時罷以龍圖閣直學士提舉洞霄宮時東南學者推爲程氏正宗

金兀朮復入西京翟進擊走之

金婁室寇涇原經略使曲端使吳玠擊之婁室敗走

同華

五月下詔還京師不果
定詩賦經義試士法
詔御營統制韓世忠
會宗澤以禦金
六月京畿淮甸蝗
秋七月東京留守宗澤
卒以杜充代之

以宇文虛中充金國祈請使虛中降金詔御營統制韓世忠會宗澤以禦金

金婁室大掠而東遂陷絳州

以王庶節制陝西諸軍曲端為都統制

宗澤卒

澤前後請帝還京二十餘奏每為黃潛善汪伯彥所抑憂憤成疾疽發于背臨危連呼過河者三而卒年七十贈觀文殿學士謚忠簡澤子頴居戎幕都人請以繼父任

八月金主吳乞買廢上皇爲昏德公靖康帝爲重昏侯徙之韓川

令下之日盡空其城命晉康郡王孝騫等九百餘人至韓州同處給田十五頃令種蒔以自給惟秦檜不與徙依撻懶以居撻懶亦厚待之

九月

冬十一月朝享祖宗神主于壽寧寺

金將訛里朶襲破信王榛于五馬山砦信王榛亡走不知所終

時已命杜充代不許充酷而無謀悉反澤所爲于是豪傑離心

金婁室陷延安王庶使曲

金將訛里朶襲破信王榛于五馬山砦遂會粘沒喝入寇

金始撰國史

女真初未有文字粘

不能朝享于太廟陵寢而朝享于僧寺宋之祖宗有靈必不受此辱己之享

郊大赦

十二月以黃潛善汪伯彥爲尚書左右僕射兼門下中書侍郎顏岐朱勝非爲門下中書侍郎盧益同知樞密院事以禮部侍郎張浚參贊御營軍事

端將兵救之端次于襄樂不進

不進罪其不急君也

沒喝好訪問女真老人多得其祖宗遺事及金主嗣位韓昉輩在左右文學之士稍見擢拔至是採摭遺言舊事以備國史命爲野與耶律迪越掌之

劉豫叛降金

金訛里朶陷北京提刑郭永死之

永職任提刑非守臣比然且率兵固守罵虜而死是真舍生取義者

己酉 三年

春正月

二月詔劉光世將兵阻淮以拒金光世兵潰走還金粘沒喝遂陷天長軍帝奔鎮江帝如杭州以呂頤浩簽書樞密院事守鎮江

遣劉俊民使金軍詔錄用張邦昌親屬

帝至杭州赦

金天會七年

金粘沒喝陷徐州

金粘沒喝入淮泗

金婁室陷晉寧軍徐徽言死之

金大焚揚州而去

惟李綱不赦亦不放還用黃潛善計罪綱以謝金也

黃潛善汪伯彥以罪免

以葉夢得張澂爲尙書左右丞

贈陳東歐陽澈官

三月以朱勝非爲尙書右僕射兼中書侍郎

命張浚駐平江

葉夢得罷以王淵同簽書樞密院事

扈從統制苗傅劉正彥作亂殺王淵及內侍康履等劫帝傳位

金以劉豫知東平府節制河南州郡

于魏國公專請隆祐
太后臨朝
隆祐太后即元祐太后也
張浚呂頤浩會兵討
賊
夏四月帝復位召張浚
知樞密院事
以呂頤浩爲尚書右
僕射兼中書侍郎李
邴爲尚書右丞鄭瑴
簽書樞密院事
禁內侍不得干預朝
政
以李邴參知政事
帝如江寧

呂頤浩張浚
敗賊將苗翊
于臨平苗傅
劉正彥夜遁
頤浩浚入杭
州

冊魏國公旉為皇太子

五月

以張浚為川陝京湖宣撫處置使便宜黜陟

遣徽猷閣待制洪皓使金

金人拘之

遣洪皓如金遺粘沒喝書願去尊號奉金正朔比于藩臣至雲中粘沒喝迫皓仕劉豫皓曰萬里銜命不能奉兩宮南歸恨力不能磔逆豫忍事之耶不願偷生狗鼠間願就鼎鑊無悔粘沒

六月大霖雨詔郎官以上言闕政罷王安石配享神宗廟庭

秋七月太子旉卒謚元懿

以王綯參知政事周望同簽書樞密院事

喝怒一將殺之旁一校曰此真忠臣也爲皓請流遞冷山

韓世忠獲苗傅劉正彥送行在誅之

遣工部尚書崔縱使金

帝以金人復來遣崔縱使金并通問二帝縱至金首以大義責金請還二帝金人怒徙之窮荒縱不少屈竟死焉

金兀朮大舉入寇

鄭瑴卒

范瓊有罪伏誅

初汴京破二帝及宗

升杭州爲臨安府
詔李邴滕康權知三省樞密院事奉隆祐太后如洪州
廣州教授林勳上本政書 勳上本政書十三篇言國朝兵農之政其說甚備朱子甚愛之
八月李邴罷以劉珏權知三省樞密院事
閏月以呂頤浩杜充爲尙書左右僕射並同平章事
帝如臨安 即杭州府

室北遷多瓊之謀又左右張邦昌爲之從衛至是爲御營司提舉張浚及劉子羽謀誅之

陝西節制使王庶罷

罷起居郞胡寅 寅進策七凡數千言呂頤浩惡其切直罷之于外

詔杜充韓世

九月朔日食

金人陷南京

冬十月帝至臨安留七日復如越州

張浚治兵于興元以圖中原

其與書漢丞相亮率諸軍出屯漢中以圖中原同意

金人趨江西劉光世引兵遁

忠劉光世分屯江東以備金

金人陷南京

金禁民漢服

殺故知真定府李邈

張浚治兵于興元以圖中原

十一月隆祐太后如虔州江西州郡多陷

帝如浙西未至復如越州

知徐州趙立將兵勤王敗金人于淮陰

以范宗尹參知政事

趙鼎爲御史中丞二人嘗建議避狄故遂用之鼎上言經營中原當自關中始經營關中當自蜀始欲幸蜀當自荊襄始吳越介在一隅非進取中原之地荊襄左顧川陜右控湖湘而下瞰京洛三國所必爭宜以公安爲行闕而屯重兵于襄陽運江浙之粟以資川陜之兵經營大業計無出此

金兀朮渡江入建康杜充叛降金通判楊邦乂死之

帝奔明州

十二月金兀朮陷臨安遣兵渡浙追帝帝航于海

江淮統制岳飛敗金人于廣德

飛六戰皆捷擒金將王權俘首領四十餘飛之用兵雖孫吳韓鄧不是過也向使杜充一聽其言則高宗必無明州之奔而兀朮且將授首矣

金兀朮陷臨安

庚戌 四年

春正月金人陷明州遂襲帝于海帝走溫州

滕康劉珏免以盧益李回權知三省樞密

金天會八年

金以韓企先爲尚書左僕射兼侍中

企先博通經史知前

院事
二月金人入東京
三月遣使迎隆祐太后于虔州
夏四月張浚引兵入衛聞金軍退乃還
帝還越州
還趙鼎爲翰林學士辭不拜呂頤浩免
五月以范宗尹爲尚書右僕射同平章事張

		金人入潼關曲端使吳玠拒于彭原敗績端走還涇原 玠怨端不爲援大罵之由是曲端吳玠自此有隙矣	岳飛襲金人于靜安敗之
代故事金之賢相也	金兀朮引兵北還 金人入東京	韓世忠邀擊兀朮于江中大敗之走建康復引兵襲世忠世忠敗績兀朮遂趨江北	

守參知政事趙鼎簽書樞密院事
王綯罷
六月
秋七月金徙二帝于五國城
八月以謝克家參知政事
隆祐太后至越州
盧益罷
九月

張浚罷其都統制曲端

以岳飛爲通泰州鎮撫使
金兀朮引兵趨陝西

金徙二帝于五國城

劉豫金立爲齊帝
豫僭大齊皇帝世修

金立劉豫爲齊帝

冬十月

子禮奉金正朔置丞相以下官

張浚使都統制劉錫帥五路之兵與金婁室大戰于富平敗績浚退軍秦州（自是關陝不可復論者咎浚之輕師失律焉）

秦檜還

金人縱秦檜還（先是朝廷雖數遣使于金但且守且和而專意與敵解仇息兵則自檜始蓋檜首倡和議故撻懶縱之使還也）

十一月趙鼎罷以富直柔簽書樞密院事
日南至帝率百官遙拜二帝
十二月

辛亥 紹興元年
春正月謝克家罷

張浚軍興州遣吳玠守和尚原以拒金
金人復陷涇原諸州郡

金人寇熙河
婁室卒

以張俊爲江淮招討使岳飛副之
時孔彥舟據武陵張用據襄漢李成據江淮湖湘十餘部尤強悍遣兵數萬有席捲東南之意朝廷患之以俊爲招討使浚請

金天會九年

二月以秦檜參知政事

三月

夏四月隆祐皇太后孟氏崩年五十九諡曰昭慈獻烈

五月作大宋中興玉寶

岳飛同討許之

張俊岳飛大敗李成于樓子莊羣盜皆遁

張浚軍閬州分諸將守川陝

張俊追敗李成于黃梅成奔劉豫岳飛招張用降之

六月攢昭慈獻烈皇后于越州（權攢于會稽縣之上皇村）

秋七月范宗尹免

八月以李回參知政事富直柔同知樞密院事以秦檜爲尚書右僕射同平章事兼知樞密院事

	封太祖後令話爲安定郡王（神宗初封子孫一人爲安定郡王今久不舉王是封德昭元孫令話自是襲封不絕）	
張浚以吳玠爲陝西諸路都統制		張浚殺前威武大將軍曲端（實王庶譖殺之也）

詔贈程頤直龍圖閣以呂頤浩爲尚書左僕射同平章事兼知樞密院事
長星見詔求直言
冬十一月李回罷以孟庾參知政事
十二月
富直柔罷

壬子
二年
春正月復賢良方正直

金兀朮寇和尚原吳玠及其弟璘大敗之兀朮遁

以孟庾爲福建江西荊湖宣撫使韓世忠副之

韓世忠抜建

金兀朮寇和尚原

金以陝西地畀劉豫于是中原盡屬于豫

金天會十年

言極諫科

帝如臨安從呂頤浩之請也

二月帝初御講殿

夏四月以翟汝文參知政事

五月以權邦彥簽書樞密院事

育太祖後子偁之子

育太祖後子偁之子伯琮于宮中

州范汝爲自焚死

以李綱爲湖廣宣撫使

詔呂頤浩都統江淮荊湖諸軍事開府鎮江

劉豫徙居汴

岳飛追曹成大敗之成走邵州

張浚以劉子羽知興元府

韓世忠招曹

金以粘沒喝爲都元帥兀朮副之

伯琮于宮中賜名瑗

六月頒戒石銘于州縣 以黄庭堅所書戒石銘頒于州縣刻石

翟汝文罷

秋八月秦檜免榜其罪于朝堂

彗星見赦求直言

九月以朱勝非爲尚書

子偁五世孫德芳取其子伯琮入宮命張婕好鞠之生六年矣後吳才人亦請于帝取東義郎子彥之子伯玖命才人鞠之皆太祖後也尋以伯琮爲和州防禦使賜名瑗

成降之

召朱勝非兼侍讀罷給事中胡安國及程瑀等二十人

以王似爲川

金耶律余覩

右僕射同平章事兼
知樞密院事
冬十月遣官祫享于温
州
十二月召張浚知樞密
院事
浚聞王似來求解兵柄且論似不可任呂頤浩朱勝非不悅故召之

癸丑　三年

春正月詔春秋望祭諸
陵

二月

陝宣撫處置
副使
浚始不安

李綱至潭州
湖南羣盜平

罷湖廣宣撫
使李綱

李橫舉兵伐
金復潁昌府
詔以橫知襄陽府

劉子羽吳玠

謀反伏誅遂
大殺遼宗室
余覩遼之親戚也

金天會十一年

三月

夏四月以韓肖胄簽書樞密院事遣使金

兵潰于饒風關金人入興元子羽玠還擊破之

李橫傳檄收復東京劉豫以金人來戰于牟駝岡橫師敗績穎昌復陷

楊太僭號大聖天王詔統制王𤫊會兵討之詔李橫等班師還鎮

六月	秋八月	九月呂頤浩免	冬十月
	沂王㮙有罪 金人殺之 㮙與駙馬劉文彥告二帝謀變金人按問無狀㮙等被誅		
岳飛討江廣羣盜悉平之		以劉光世韓世忠爲江東兩淮宣撫使王𤫉岳飛爲荊湖江西制置使分屯沿江諸州	李成寇襄鄧李橫奔荊南
	沂王㮙有罪 金人殺之 㮙乃徽宗之子欽宗之弟不幸身爲降虜而乃無辜欲害父兄其惡甚矣		

十一月復元祐十科取士法從朱勝非之言也
十二月韓肖胄偕金使來

甲寅 四年
春正月韓肖胄罷
三月以趙鼎參知政事
張浚罷

成遂陷京西六郡

吳玠吳璘與金兀朮戰于仙人關大敗之
張浚至臨安

金兀朮陷和尚原

金天會十二年

夏五月

秋七月以胡松年簽書樞密院事

八月以趙鼎知樞密院事都督川陝荊襄諸軍事

九月朱勝非罷

以趙鼎爲尚書右僕射同平章事兼知樞密院事

以沈與求參知政事

冬十月帝自將禦金次

罷爲資政殿大學士居之福州

以岳飛兼荊南制置使

岳飛復襄陽等六郡

楊太敗官軍于鼎江詔岳飛移兵討之

劉豫使其子麟以金兵入寇

召張浚于福

于平江

十一月詔暴劉豫罪逆于六師

以張浚知樞密院事視師江上

十二月

州

韓世忠大敗金人于大儀追至淮而還

金人圍廬州岳飛使牛皋救之金兵敗走

金兵自淮引還

乙卯五年

金熙宗亶仍稱天會十三年

春正月朔日食
召張浚還

二月帝如臨安
以趙鼎張浚爲尚書
左右僕射並同平章
事兼知樞密院事都
督諸路軍馬
作太廟于臨安
閏月胡松年罷
夏四月封周後柴叔夏
爲崇義公
上皇卒于金
時司馬朴朱弁在燕山聞之服斬衰朝夕哭金

金主吳乞買卒兄之孫亶立
在位十四年壽三十一歲

人義之而不責洪皓在冷山聞之北向泣血操文以祭

龍圖閣直學士致仕

楊時卒

五月遣忠訓郎何蘚使

金

六月

冬十一月徵和靖處士

尹焞于涪州

和靖拒劉豫自商州奔蜀因止于涪至是范冲舉以自代

	封瑗爲建國公就學資善堂		
楊時卒 卒年八十三諡曰文靖	罷中書舍人胡寅	岳飛大敗楊太于洞庭太死湖湘平	以李綱爲江西安撫制置大使 張浚薦其忠也
			金伐蒙古 蒙古在女眞之北唐爲蒙兀部亦號蒙骨斯其人勁悍善戰夜中能視以鮫魚皮爲甲可捍流矢

丙辰　六年

春二月以折彥質簽書樞密院事沈與求罷

夏四月

六月地震求直言

秋七月

金天會十四年

張浚會諸將于鎮江遣張俊屯盱眙韓世忠屯楚州起復岳飛爲京湖宣撫副使

張浚撫師淮上遣劉光世屯廬州岳飛屯襄陽楊沂中屯泗州

劉光世復壽春

八月以秦檜爲行營留守孟庾副之並參決尚書省樞密院事

九月帝如平江

冬十月

十二月趙鼎罷

岳飛復蔡州	岳飛遣兵敗劉豫之衆于唐州上疏請進軍恢復中原帝不許飛乃還鄂	劉豫使劉麟劉猊分道寇淮西楊沂中等大敗猊于藕塘追麟至南壽春而還	張浚還自鎮江韓世忠敗
		西遼耶律大石死（大石死子夷列幼遺命其后蕭氏權國稱制號感天皇帝）	

以張守參知政事

丁巳 七年

春正月以陳與義參知政事沈與求同知樞密院事

以張浚兼樞密使

何蘚還自金始聞上皇及太后之喪帝成服

以秦檜爲樞密使

二月朔日食

遣王倫如金奉迎梓宮也

金人于淮陽

金天會十五年

金初用大明曆

三月帝如建康
以呂祉參謀都督府軍事張宗元爲參議官
以沈與求知樞密院事
遙尊宣和皇后韋氏爲皇太后
夏四月
五月召胡安國提舉萬壽觀兼侍讀未至而罷
六月

劉光世免張浚命呂祉節制其軍

岳飛乞終喪遂還廬山張浚以張宗元監其軍

沈與求卒

金誅其尚書

秋八月

九月張浚免罷都督府以趙鼎爲尚書左僕射同平章事兼樞密使

冬十月

閏月以尹焞爲崇政殿說書

韓世忠岳飛請伐金收復中原不報

世忠與飛志存恢復欲乘廢豫之際擣其不備

岳飛奉詔入朝遂遣還鎮	以張俊爲淮西宣撫使	安置張浚于永州	張俊棄盱眙還建康韓世忠岳飛請伐金收復中原不報
左丞高慶裔秋七月粘沒喝以憂死			金人襲汴執劉豫廢爲蜀王立行臺尚書省于汴

長驅以取中原此乃機不可失者高宗違而不聽可慨也夫

十二月王倫還自金尋復遣之

戊午 八年

春正月張守罷

二月胡安國進春秋傳詔加安國寶文閣直學士

帝定都臨安

帝自建康至臨安自是定都矣然定都于臨安是誠無意于中原矣

三月以劉大中參知政事

金天眷初年

以秦檜爲尚書右僕射同平章事兼樞密使

陳與義罷

夏四月

五月王倫偕金使來

前書韓肖冑偕金使來此又書則是和出于宋而非出于金明矣

秋七月彗星見

王倫復如金

八月

詔王庶視師江淮

金以經義詞賦兩科取士

金始頒行官制

金以會寧爲上京臨潢府爲北京

冬十月罷參知政事劉大中
趙鼎罷
金以張通古爲江南詔諭使來言歸河南陝西之地
十一月以孫近參知政事

會寧即海古之地金之舊土也至是升爲上京改遼上京臨潢府爲北京而東京遼陽西京大同南京大興中京大定府則仍舊云

鄜延故將李世輔誘金撒離喝來歸金人追及之乃奔夏世輔綏德青澗人自唐以來世襲蘇尾九族都巡檢使年十七隨父永奇出入行陣間

詔羣臣議和金得失
貶樞密院編修官胡
銓監廣州都鹽倉○
王庶罷
十二月以李光參知政
事韓肖胄簽書樞密
院事

己未
九年

春正月大赦
二月遣判大宗正事士
㒟兵部侍郎張燾詣
河南修奉陵寢
以尹焞提舉萬壽觀
兼侍講辭不拜

以吳玠爲四
川宣撫使

金天眷二年

以王倫爲東京留守
三月王倫至汴金人歸
河南陝西之地
夏五月
秋七月王倫如金金人
執之

李世輔自夏來歸賜名顯忠開府儀同三司四川宣撫使吳玠卒

金宋王蒲盧虎等謀反伏誅

金以撻懶杜充爲行臺左右丞相八月撻懶以謀反誅

夏主乾順卒子仁孝立仁孝改元大慶號乾順曰崇宗

冬十二月李光罷

庚申 十年

春正月觀文殿大學士隴西公李綱卒

夏四月韓肖胄罷

五月

蒙古襲敗金人于海嶺

金天眷三年

隴西公李綱卒

綱卒于福州年五十八尊少師諡忠定朱子曰綱知有君父而不知有身知天下之有安危而不知其身之有禍難雖以讒間竄斥屢瀕九死而其愛君憂國之志終有不可奪者可謂一世之偉人也

詔吳璘同節

金兀朮撒离

遣使諭岳飛班師

閏六月

安置趙鼎于潮州

制陝西諸軍六月璘敗金人于扶風復其城撒離喝走鳳翔東京留守劉錡大敗金人于順昌兀朮走汴岳飛遣兵敗金人于京西	金人寇涇州經略使田晟破走之岳飛收復河南州郡韓世忠遣兵
喝分道入寇復陷河南陝西州郡	

秋七月以王次翁參知政事

復海州
張俊使王德復宿州金人棄亳而遁俊入亳遽還壽

春

岳飛擊走金兀朮于郾城追至朱仙鎭大破之遣使修治諸陵

兀朮于是欲棄汴去有書生扣馬曰太子毋走岳少保且退古未有權臣在內大將能立功于外者岳少保且不免兀朮乃悟

岳飛奉詔班

師河南州郡復陷于金

檜欲割淮北與金和一日發十二金字牌詔班師飛泣曰十年之功廢于一旦乃還

嗚呼宋事至此浸不可爲矣是時諸將所向有功金虜心喪膽落而中原之民簞食壺漿以迎王師誠應天順人機不可失之時也苟能假以歲月莫或撓之則不惟舊疆可復而幽燕亦可復不惟讎恥可清而沙漠亦可清惜其功業粗布沮抑復生使忠臣義士徒有黍離之嘆終不能過河與之一決可哀也已

九月遣使諭韓世忠罷兵還鎮

時諸大帥皆還鎮

冬十月臨安火

韓世忠罷兵還鎮

金殺其左丞相谷神右丞相蕭慶

宋高宗紹興十一年

十一月			金封孔子後璠爲衍聖公 時金立孔子廟于上京求孔子後得四十九代孫璠封之		
十二月			金始置屯田軍于中原		
辛酉 十有一年			金皇統初年		
春二月			金追封昏德公爲天水郡王封重昏侯爲天水郡公封耶律延禧爲豫王 金主親祀孔子		金封耶律延禧爲豫王

三月

夏四月以韓世忠張俊爲樞密使岳飛副之欲盡收其兵權也

六月進秦檜爲尚書左僕射

秋七月以范同參知政事

八月

九月

張俊楊沂中劉錡奉詔班師

金兀朮渡淮北去

罷岳飛奉朝請罷爲萬壽觀使

吳璘等收復陜西諸州詔班師還鎮

冬十月秦檜矯詔下岳飛于大理獄

韓世忠心不平詰檜詰其實檜曰飛子雲與張憲書雖不明其事莫須有世忠曰莫須有三字何以服天下也

十一月范同罷

安置李光于藤州

和議成以何鑄簽書樞密院事奉表稱臣于金

遣使割唐鄧商秦之地以畀金

秦檜殺故少保樞密副使武昌公岳飛

秦檜矯詔下岳飛獄

韓世忠罷

自是杜門謝客絕口不言兵事游西湖以自樂

秦檜殺岳少保

兀朮遺檜書曰必殺飛始可和檜遂與張俊謀殺飛罷飛官使張俊誘王俊誣告張憲得岳雲手書謀據襄陽俊鞫之憲不伏檜矯詔召飛父子就獄使何鑄鞫之飛以背舊涅盡忠報國字示鑄鑄察其冤以白

按西漢而下若韓彭絳灌之爲將代不乏人求其文武全器仁智並施如岳飛者一代豈多見哉而卒死于秦檜之手是高宗自忍棄其中原也故忍殺飛嗚呼冤哉

壬戌 十有二年

春二月詔諸州修學宮

何鑄還自金

進封建國公瑗爲普安郡王

檜檜改命万俟卨傳會其獄檜竟手書小紙付獄飛遂死年三十九雲憲皆棄市○飛事親孝好賢禮士善待士卒常以少勝衆故敵爲之語曰撼山易撼岳家軍難張俊嘗問用兵之衛曰仁信智勇嚴闕一不可或謂天下何時太平飛曰文臣不愛錢武臣不惜死天下太平矣

金皇統二年

初何鑄曹勛往金首以太后爲請金主不許曹勛再三懇請金主許之遂遣何鑄先還許歸徽宗及鄭后邢后之喪與帝母韋氏

三月

夏四月金使人以袞冕來冊帝

宋于金則書奉表稱臣金于宋則書以袞冕來冊帝足上首下至是極矣

六月何鑄罷

秋八月以万俟卨參知政事

金人歸徽宗皇帝顯肅皇后鄭氏及懿節

封崇國公璩爲恩平郡王	放齊安王士㒟于建州		
		安置王庶于道州	

皇后邢氏之喪

皇太后韋氏至自金

九月以孟忠厚爲樞密使

大赦加秦檜太師封魏國公以和好成也

冬十月攢徽宗皇帝顯肅皇后于永固陵以懿節皇后祔尋改陵曰永裕在會稽

進封秦檜爲秦魏兩國公辭不拜以太后回鑾推恩也檜以封兩國與蔡京同故辭

十一月張浚免

徽猷閣待制致仕尹焞卒

十二月陝西大旱

癸亥　十有三年

春正月作太學

二月作景靈宮

所以奉徽宗及顯恭顯肅二后神御也

三月作太社太稷壇及

劉光世卒

尹焞卒

焞質直宏毅實體力行程頤嘗許之以魯且曰我死而不失其正者尹氏子也

金皇統三年

西遼耶律大石妻蕭氏死子夷列立

夷列改元紹興

圜丘

夏閏四月立貴妃吳氏爲皇后妃開封人

王次翁罷

秋七月行人洪皓張邵朱弁還自金自建炎以來奉使如金被囚者三十餘人多已物故惟三人以和議成許歸已而金人遣七騎追之及淮而三人已在舟中矣

帝書六經刻石于太學

冬十二月朔日食

復置三館三館太宗所置以養天下之士也

甲子 十有四年

春二月万俟禼罷以樓炤簽書樞密院事

三月帝謁孔子廟遂視學

夏五月閩浙大水

秋八月

九月徙趙鼎于吉陽軍

冬十二月王倫爲金所殺

金皇統四年

金主亶殺其子魏王道濟

乙丑 十有五年

春正月朔初御大慶殿

金皇統五年

受朝
夏四月朔彗出東方大
赦
六月朔日食
帝幸秦檜第
秋七月放張浚于連州

放張浚于連州
以浚力論時事觸秦檜之怒令何若劾之遂貶于連州尋徙永州

丙寅 十有六年
春正月行籍田禮
夏五月
六月

金皇統六年
金韓企先卒
金殺其翰林

秋九月
冬十二月

丁卯 十有七年
春正月以李若谷參知政事何若簽書樞密院事
二月李若谷罷以段拂參知政事
三月何若罷以汪勃簽書樞密院事

學士宇文虛中
金劉豫死
金遣使如西遼西遼殺之

金皇統七年

金主亶殺其文武從官十餘人

夏五月

秋八月故相趙鼎卒于吉陽軍

冬十月朔日食

戊辰 十有八年

春二月段拂罷 拂聞趙鼎死于海南爲之歎息秦檜怒遂罷爲資政殿學士尋落職興國軍居住

三月以秦熺知樞密院事 熺秦檜之妻兄王㬇子檜無子養以爲己子

夏四月朔日食

安置提舉江州太平觀洪皓于英州

趙鼎卒

金皇統八年

秦熺罷爲觀文殿學士兼侍讀位次右僕射 熺乞避父子共政也尋加少保

五月

六月

冬十月以余堯弼簽書樞密院事

十一月

十二月

	五月	六月	冬十月	十一月	十二月
	放浙東副總管李顯忠于台州			竄胡銓于海南 新州守張隶誣之也未幾隶卒	
		金以完顏亮平章政事	金兀朮卒		金以完顏亮

己巳 十有九年

春三月朔日食

夏五月

冬十月

十二月

爲右丞相

金皇統九年 十二月以後廢主亮天德初年

金出完顏亮于行臺秋九月復召入平章政事

金主亶殺其弟胙王常勝遂殺其后裴滿氏

金完顏亮弑其主亶而自立

庚午 二十年

春正月殿司軍士施全刺秦檜不克檜殺之

三月以余堯弼參知政事巫伋簽書樞密院事

遣堯弼使金

夏四月置力田科

冬十月秦檜有疾詔執政赴檜第議事

下李光子孟堅于大理獄流之峽州責徽猷閣直學士胡寅等官有差

金天德二年

金主尊其嫡母徒單氏及母大氏皆為太后

金主亮大殺其宗室

金主亮殺其左副元帥撒离喝等夷其

辛未 二十有一年

春正月

二月以巫伋爲金國祈請使

三月

夏五月

秋八月太傅鎮南武安寧國節度使咸平王韓世忠卒

韓世忠卒 世忠性戇直勇敢忠義事關廟社必流涕極言持軍嚴重與士卒同甘苦器仗規畫

族

金天德三年

金置國子監

金大營宮室于燕

金主亮納其叔母阿懶及宗婦于宮

冬十一月余堯弼罷 壬申二十有二年 春三月 夏四月巫伋罷以章復簽書樞密院事 五月襄陽大水平地五尺漢水冒城而入 冬十二月		
精絶過人及解兵罷政臥家凡十年至是卒孝宗朝追封蘄王謚忠武子彥直彥質彥古皆以才見用	編管王庶子之奇之荀于嶺南	
	金天德四年	金主亮召濟南尹烏祿妻

烏林答氏未至自殺

癸酉　二十有三年

春正月

夏四月

五月潼川大水平地丈五尺

金貞元初年

金遷都于燕

金太后大氏卒

甲戌　二十有四年

春正月地震

夏五月朔日食

秋七月

張俊卒

金貞元二年

金右丞相蕭裕謀反坐誅

宋高宗紹興二十四年

冬十一月以施鉅參知政事鄭仲熊簽書樞密院事

加秦熺少傅封嘉國公

以敷文閣待制秦塤修撰實錄院

塤熺之子祖父孫三世同領史職前此未有皆檜自知其惡故引子孫任史職以掩之也

金主亮納其諸從姊妹于宮

前書納叔母及宗婦次書召烏林答氏此書納其諸從姊妹所以著其雜亂之醜也夫同姓尚不可爲況叔母乎宗婦尚不可爲況姊妹乎

十二月

西遼耶律夷列死其妹普速完權國事子幼故也普速完自號承天皇太后諡夷列曰仁宗

乙亥二十有五年

夏四月施鉅罷

五月朔日食

六月鄭仲熊罷以湯思退簽書樞密院事

秋八月以董德元參知政事秦檜門人

下趙鼎子汾等于大理獄

金貞元三年

金汴京火

冬十月

進封秦檜爲建康郡王加其子熺少師並致仕是夕檜死贈申王

檜居相位十九年倡和誤國忘仇斁倫包藏禍心劫制君父一時忠臣良將誅鋤殆盡其爲檜用者率以誣陷善類爲功章疏皆檜自操以授言官識之者曰此老秦筆也晚年殘忍尤甚此檜之罪上通于天萬死不足以贖也

黜秦檜姻黨

十一月以魏良臣參知政事

十二月

徙洪皓于袁州未至卒

皓在金抱印符臥起十五年身雖在金心不忘宋常以大仇未復爲恥其視子卿之節無愧焉噫子卿歸漢而功輝麟閣皓歸宋而竄死遐方惜哉

釋趙汾李孟堅王之奇等自便

復張浚胡寅

金主亮迎其太后徒單氏至燕

張九成等二十九人官徙李光胡銓于近州

丙子 二十有六年

春正月追復趙鼎鄭剛中等官

二月魏良臣罷

三月罷宰相兼樞密使 以邊事已定也

以万俟卨參知政事

夏五月以沈該万俟卨爲左右僕射並同平章事湯思退知樞密

金正隆初年

院事
六月以程克俊參知政事
靖康帝卒于金
秋七月彗出井詔求直言
八月程克俊罷以張綱參知政事
九月以陳誠之同知樞密院事
冬十月復安置觀文殿大學士張浚于永州
浚去國二十年天下士無賢不肖莫不傾心慕焉秦檜惡其害己放于連州檜死復觀文殿大學士判洪州會星變詔直言乃上疏極言沈該

万俟卨湯思退等謂敵未有釁而先爲虜備皆笑其狂又放于永州

丁丑 二十有七年

春二月以湯鵬舉參知政事

三月

夏六月以湯思退爲尚書右僕射同平章事

死万俟卨而相湯思退則是魯衛之政兄弟也

秋九月張綱罷以陳康伯參知政事

冬十一月湯鵬舉免

万俟卨卒

卨爲相主和議固位無異秦檜士論薄之

金正隆二年

紀年			金		
戊寅 二十有八年 春二月以陳誠之知樞密院事王綸同知院事 秋七月 冬十月			金正隆三年 金以李通參知政事 金營汴宮向自會寧遷燕今自燕遷汴南侵之北巳萌矣		
己卯 二十有九年 春二月			金正隆四年 金籍諸路兵造戰具是欲逞一時之私而懷猾夏之心而湯思		

夏六月陳誠之罷沈該免

秋七月以賀允中參知政事

八月召監潭州南嶽廟朱熹不至

熹徽州婺源人少有求道之志父松知饒州疾亟屬熹曰胡憲劉勉之劉子翬三人學有淵源吾所敬畏吾死汝往事之熹奉以告而稟學焉既博求之經傳復徧交當世有識之士及舉進士爲泉州同安主簿罷歸聞延平李侗學于羅從彥得伊洛之正遂徒步往從之其學大要窮

退等方特和好諱言用兵豈不深可嘆哉

理致知反躬實踐而以居敬爲主築室武夷山中四方從遊甚衆上聞其賢故召之卒不至

九月以湯思退陳康伯爲尙書左右僕射並同平章事

皇太后韋氏崩

謚曰顯仁

冬十一月攢顯仁皇后

十二月以王綸知樞密院事

庚辰

三十年

春正月以葉義問同知樞密院事

二月以普安郡王瑗爲

金正隆五年

皇太子更名瑋進封
建王
夏六月王綸罷以葉義
問知樞密院事朱倬
參知政事
秋八月朔日食
賀允中致仕
冬十二月湯思退有罪
免

辛巳 三十有一年

春正月朔日食
帝不受朝○風雷大
雨雪

金正隆六年
十月世宗雍大定初年

魯隱公時大雨震雷繼以雨雪孔子以八日之間再有大變謹而書之今一夕之間二異交至陰盛也逆亮猾夏之機兆矣

二月分經義詩賦爲兩科以取士

三月以楊椿參知政事以陳康伯朱倬爲尚書左右僕射並同平章事

夏五月金主亮使人來求漢淮之地始聞靖康帝之喪

六月

以吳拱知襄陽府拱玠之子也本利州西路都統制使知襄陽備金也

以吳璘爲四川宣撫使

金主亮使人求漢淮之地

以劉錡爲江淮浙西制置使

金主亮還都于汴

故遼人移剌窩斡叛金圍臨潢

秋七月

八月

九月以黃祖舜同知樞密院事

金主亮大殺宋遼宗室之在其國者

宿遷人魏勝起兵復海州詔以勝知州事

金主亮弑其太后徒單氏遂大舉入寇

以成閔為京湖制置使

金人犯黃牛堡吳璘等敗之遂復秦隴洮三州劉錡遣兵復泗州高平人王友直起兵復大名遣使入朝

冬十月帝親征詔葉義問督視江淮軍馬虞允文參謀軍事
金人圍海州魏勝李寶合擊大敗之金人渡淮劉錡進軍楚州以拒之吳拱成閔遣兵復唐鄧諸州詔吳璘出兵漢中璘遂復商虢州李寶大破金人于陳家島殺其將完顏鄭家金人陷揚州劉錡遣兵拒于皁角林大
金人立曹國公烏祿為帝于遼陽更名雍在位二十九年壽六十七

十一月召張浚判建康府

十二月帝如建康

壬午

三十有二年

春正月朔日食

敗之

虞允文大敗金人于采石

金主亮爲其下所殺

金主亮趨揚州

劉錡罷以成閔李顯忠吳拱爲兩淮京湖三路招討使

成閔李顯忠收復兩淮州郡

金主雍入燕

山東人耿京

金大定二年

金主雍遣使

金主雍遣使來聘

二月帝還臨安

閏月祔欽宗主于太廟

楊椿罷

遣起居舍人洪邁使金

邁皓季子也慷慨忠烈有諸父風出使女真正議無屈不愧是職亦多矣

起兵復東平

遣其將辛棄疾入朝

即以京知東平府棄疾齊州歷城人

入聘

以虞允文爲川陝宣諭使

吳璘復大散關分兵守和尚原金人走寶雞

太尉威武節度使劉錡卒

錡慷慨沉毅有儒將風忠義之心老而彌篤而與韓岳齊名誠宋之良將也

夏四月以汪澈參知政事

五月立建王瑋爲皇太子更名昚

六月追封子偁爲秀王詔曰皇太子所生父可封秀王謚安僖母張氏爲王夫人

朱倬罷

帝傳位于太子自稱太上皇帝皇后稱太上皇后太子卽位大赦

金主追廢亮爲海陵煬王

史臣曰高宗恭儉仁厚以之繼體守文則有餘撥亂反正則不足當其初立因四方勤王之師內相李綱外任宗澤天下之事宜無不可爲者顧乃播遷窮僻坐失事機始惑于汪黃終制于秦檜偷安忍恥匿怨忘親以貽來世之譏悲夫

御批
上皇在御自當乘暇間視豈可限定朝見之期孝宗于宋固敦倫之主乃以月四朝遂戚稱于史冊何所見之狹也

帝朝太上皇于德壽宮

帝五日一朝太上皇不許自是月四朝

以龍大淵為樞密副都承旨曾覿幹辦皇城司

二人帝潛邸內知客也

詔中外臣庶陳時政闕失

秋七月召張浚入朝以為江淮宣撫使封魏國公

魏公之遇孝宗可謂受知于君之深者也其恢復之功必將收之桑榆矣然見沮于史浩豈人

力之所能哉

追復岳飛官以禮改葬

官其孫六人

八月以史浩參知政事

九月罷川陝宣諭使虞允文

冬十月葉義問罷以張燾同知樞密院事

十一月

	故遼人移剌窩斡稱帝金將僕散忠義討平之	金以僕散忠義爲都元帥紇石烈志寧副之
	故遼人移剌窩斡稱帝金將僕散忠義討平之	

十二月詔宰相復兼樞密使
詔吳璘班師

孝宗皇帝　名眘高宗子在位二十七年壽六十八歲

癸未　隆興元年

春正月以史浩爲尙書右僕射同平章事兼樞密使
以張浚爲樞密使都督江淮軍馬開府建康
三月以辛次膺同知樞密院事
張燾罷

吳璘班師

吳璘還河池
金人遂陷新復十三州軍

金大定三年

金人以書入朝求海泗唐鄧商州之地

夏四月

五月史浩免

帝率羣臣詣德壽宮

上壽

以辛次膺參知政事

洪遵同知樞密院事

六月朔日食

江瀓罷以周葵參知政事

張浚使李顯忠邵宏淵分道伐金

及歲幣

李顯忠復靈璧遂會邵宏淵復虹縣金將士多降張浚渡江李顯忠大敗金人復宿州李顯忠邵宏淵之師潰于符離

貶張浚爲江淮宣撫使安置李顯忠于筠州

辛次膺罷

秋七月以湯思退爲尚書右僕射同平章事兼樞密使

八月

冬十月立賢妃夏氏爲皇后
后袁州宜春人夏協之女初約于宮中爲吳太后閤中侍御太后以賜帝至是立爲后

十一月盧仲賢還有罪除名遣胡昉如金軍

符離之潰乃邵宏淵惑衆不戰非張浚李顯忠之過

復以張浚都督江淮軍馬

金人復以書入朝求地及歲幣遣盧仲賢報之

詔廷臣集議和金得失召張浚還

以朱熹爲武學博士既而罷之

熹應詔入對言君父之讎不與共戴天時相湯思退方倡和議不悅除武學博士後與洪适論不合而歸

十二月陳康伯罷以湯思退張浚爲尚書左右僕射並同平章兼樞密使浚仍都督江淮軍馬

甲申二年

金大定四年

春正月金人執胡昉尋遣還

三月張浚視師江淮金軍退

夏四月罷張浚判福州

六月朔日食

秋七月洪遵罷

撤兩淮邊備

八月少師保信節度使魏公張浚卒

當時秦檜主和議魏公主恢復其臧否固可見矣紹興八年二月高宗榜秦檜罪于朝堂示不復用則檜和議之非亦自可寤未幾魏公薦檜爲醴泉觀使兼侍讀則檜漸用事而和議之非

魏公張浚卒

南宋以來士大夫知順逆之勢謹內外之防終身不主和議者一人張浚而已然前忌于汪黃中忌于秦又檜而此退爲湯思退所忌符離之潰讒間紛紛齎志

金以完顏守道爲尚書左丞

復作恢復之議自見沮抑且被檜遠竄連州欲肆毒如岳武穆焉此魏公之忠有餘而見不足也

遣宗正少卿魏杞使金

九月以王之望參知政事

詔湯思退都督江淮軍馬思退辭不行

冬十月

十一月湯思退以罪竄

以汲詿不憎哉卒贈太師謚忠獻

金兵復渡淮十一月魏勝拒戰于淮陽敗績死之楚州陷

以楊存中都

永州復以陳康伯爲尚書左僕射同平章事兼樞密使錢端禮簽書樞密院事虞允文同簽書院事

周葵罷

十二月以錢端禮參知政事虞允文同知樞密使事王剛中簽書院事

督江淮軍馬詔王之望勞師江上閏月金人寇揚州之望有罪免

金以女真字譯經史

乙酉　乾道元年

春正月召楊存中還

二月陳康伯卒

三月魏杞還自金始正

陳康伯卒

金大定五年

宋孝宗乾道元年

敵國禮杞之此行可謂不辱君命矣

秋八月立鄧王愭爲皇太子愭帝長子也郭后所生

錢端禮罷太子愭夫人端禮之女也太子立端禮不得已引嫌奉祠

冬十二月以洪适爲尚書右僕射同平章事兼樞密使汪澈爲樞密使葉顒參知政事

丙戌二年

金大定六年

春二月
三月洪适罷
以魏杞同知樞密院
事
冬十一月
十二月以葉顒魏杞爲
尚書左右僕射並同
平章事兼樞密使蔣
芾參知政事陳俊卿
同知樞密院事

丁亥
三年
春二月帝從太上皇幸
玉津園

金左丞相僕散忠義卒

寧武昭慶節度使楊存中卒

金大定七年

三月秀王夫人張氏卒 帝成服于後苑

夏五月太傅四川宣撫使新安王吳璘卒

六月皇后夏氏崩 謚曰安恭

秋七月太子愭卒 謚曰莊文

攢安恭皇后于修古寺

冬十一月合祀天地于圜丘

雷葉顒魏杞免

戊子 四年

春二月以蔣芾爲尚書

吳璘卒 贈太師 謚武順

金大定八年

右僕射同平章事兼樞密使詔芾常朝贊拜不名芾辭許之

冬十月起復蔣芾爲尚書左僕射以陳俊卿爲右僕射並同平章事兼樞密使芾辭許之六月芾以母喪去位至是起復之

大閱于茅灘帝親御甲胄指授方略命三司合教爲三陣戈甲耀日旌旗蔽天六師驩呼犒賚有加

十二月召建寧布衣魏掞之以爲太學錄

西遼普速完殺其夫蕭朵魯不其舅斡

掞之師胡憲與朱熹遊諸司薦其學行召赴行在入對帝問治要奏以分臣下邪正爲要詔除太學錄

己丑 五年

夏五月帝不視朝六月始視朝 以射弩弦斷傷目故也

秋八月朔日食

金大定九年

里剌討誅之而立耶律直魯古 普速完與朵魯不弟朴古只沙里通出朵魯不爲東平王而殺之朵魯不之舅斡里剌以兵問罪遂殺普速完及朴古只沙里迎夷列次子直魯古立之改元天禧

以陳俊卿虞允文爲尚書左右僕射並同平章事兼樞密使

庚寅 六年

夏四月

五月陳俊卿罷

閏月以起居郎范成大爲金國祈請使

求陵寢地及更定受書禮蓋泛使也

罷吏部尚書汪應辰

應辰剛方正直敢言不避

金大定十年

夏相任得敬脅其主仁孝中分其國請命于金金主不許

御批
敬天以
實不以
文詩所
云不顯

秋八月

冬十月

十一月遣中書舍人趙
雄如金

辛卯七年

春正月朔上太上皇尊
號

帝作敬天圖
取尚書所載敬天事編
爲兩圖朝夕視覽以自
警省

金大定十一年

夏任得敬伏
誅

高麗翼陽公
晧廢其君晛
而自立
晧晛之
弟也

亦臨小心翼翼昭事上帝皆常存敬畏不因有所見而始惕也宋孝宗作敬天圖尙隔一膜虞允文之言可謂切至

三月立恭王惇爲皇太子大赦進封慶王愷爲魏王

莊文太子卒慶王以次當立帝以恭王淳英武類己越次立之而進封愷爲魏王判寧國府

三月金葬欽宗皇帝于鞏洛之原以一品禮

以張說簽書樞密院事未拜而罷

說妻太上皇后女弟也說因攀緣親屬擢拜樞府張栻上疏切諫遂寢

夏四月詔皇太子領臨安尹

進封慶王愷爲魏王判寧國府

宋孝宗乾道七年

冬十月金人來聘

壬辰八年

春二月改左右僕射爲左右丞相以虞允文梁克家爲之並兼樞密使復以張說簽書樞密院事罷侍御史李衡等四人張栻前論說之非而罷職李衡此復力諫說之不可執政而貶官孝宗何愛一小人而黜衆君子也

夏四月

罷左司員外郎兼侍講張栻栻在朝僅一年召對至六七所言皆修身務學畏天恤民抑僥倖屏讒諛宰相近習皆憚之

金主雍幸太子宮

金大定十二年

金右丞相紇

秋七月罷虞允文爲四川宣撫使

癸巳 九年

夏五月朔日食

秋七月

冬十月梁克家罷以曾懷爲右丞相鄭聞參知政事張說知樞密院事

甲午 淳熙元年

石烈志寧卒

金大定十三年

金禁女真人譯爲漢姓

金復以會寧爲上京

金大定十四年

春二月少保四川宣撫使雍公虞允文卒

秋八月張說免

帝廉知其欺罔也

冬十一月朔日食

曾懷罷以葉衡爲右丞相

雍公虞允文卒

允文采石之功宋事轉危爲安實係乎此及其罷相鎮蜀志存興復功雖未就而其志爲可尚已

乙未

二年

秋九月葉衡罷

金大定十五年

高麗將趙位寵以四十餘

龔茂良行相事

贈趙鼎太傅追封豐國公諡忠簡

閏月以李彥穎參知政事王淮簽書樞密院事

城叛附金金主不受位寵高麗西京留守也以四十餘城叛附金金主曰朕懷綏萬邦豈助叛臣爲虐執其使付高麗位寵伏誅

丙申 三年

春三月朔日食

夏六月召朱熹爲祕書郎不至

冬十月立貴妃謝氏爲

宋孝宗淳熙三年

金大定十六年

皇后

后丹陽人幼孤鞠于翟氏冒姓翟及爲后復姓謝

丁酉 四年

春二月帝謁孔子遂臨太學

夏六月罷龔茂良放之英州

秋七月罷王雱從祀孔子

九月朔日食

金大定十七年

金葬宋遼宗室于河南廣寧舊陵

戊戌 五年

金大定十八年

春三月李彥穎罷以史浩爲右丞相兼樞密使趙雄參知政事
夏四月以陳俊卿判建康府以范成大參知政事六月罷
秋七月太尉提舉萬壽觀李顯忠卒
冬十一月史浩罷以趙雄爲右丞相王淮爲樞密使錢良臣參知政事

李顯忠卒

己亥 六年

夏旱詔求直言

宋孝宗淳熙上六年

金大定十九年

庚子 七年

春二月右文殿修撰張栻卒

卒年四十八帝聞之嗟嘆不已朱熹與黃榦書曰吾道益孤矣

夏五月以周必大參知政事

必大爲翰林學士幾六年制命溫雅周盡事情爲一時詞臣之冠

冬十二月資政殿學士致仕胡銓卒

諡忠簡

魏王愷卒

帝泫然曰向所以越次建儲者正爲此子薄福氣差耳諡惠憲

張栻卒

胡銓卒

銓始終不主和議特書致仕所以著其忠不以自守若不容于朝曰世有斯人不能大

金大定二十年

用而使之卒老衡茅哉

辛丑八年

春正月

秋七月著作郎呂祖謙卒

祖謙夷簡五世孫也自其祖好問始居婺州其學本之家庭有中原文獻之傳長從林之奇汪應辰胡憲遊而友張栻朱熹學以關洛爲宗旁稽載籍心平氣和不立崖異世稱爲東萊先生

八月趙雄罷以王淮爲右丞相兼樞密使謝廓然同知樞密院事

呂祖謙卒

金大定二十一年

金追廢亮爲庶人

九月以朱熹提舉浙東常平茶鹽冬十二月下熹社倉法于諸路

壬寅 九年

秋七月以李彥穎參知政事

九月以王淮梁克家爲左右丞相兼樞密使以朱熹爲江西提刑熹辭不拜

金大定二十二年

癸卯 十年

夏六月監察御史陳賈

金大定二十三年

御之批宋排諸臣宋擊程道以僞之學斥正固非塗論若貌飾言君襲取名子之徽其隱實踐履以不可者告人不則又辨可不假設以徒竊之之盡目學爲道室是宋閨之與者性天于更多也孔門

甲辰 十有一年

冬十一月朔日食

請禁道學

陳賈之請趨順王淮之意以詆朱子也欺天罔人莫此爲尤

春三月

夏六月以周必大爲樞密使

金大定二十四年

金主雍如會寧

乙巳 十有二年

夏四月

金大定二十五年

金主雍還燕

丙午　十有三年

夏五月宴羣臣于祕書省

賜處士郭雍號頤正先生

雍之先本洛陽人父忠孝師事程頤著易說號兼山先生雍傳其學通世務隱居峽州

秋閏七月以留正簽書樞密院事

正在蜀以簡素化民歸裝僅書數篋而已

八月日月五星聚軫

建隆間書五星聚奎未見有聚軫者日月五星聚軫其異甚矣未踰年而太上皇崩以致國家

金大定二十六年

之大變則異豈有虛生者乎

冬十一月梁克家罷

丁未 十有四年

春二月以周必大爲右丞相施師點知樞密院事

秋八月以留正參知政事

九月太上皇有疾冬十月帝罷朝侍疾赦

太上皇崩遺詔太上皇后改稱皇太后帝致喪三年

金大定二十七年

冬十一月詔皇太子參決庶務

十二月大理寺奏獄空

成康之世囹圄虛空漢文威德之主僅能幾致刑措唐時有雀巢獄樹百官稱賀亦未聞有獄空之説孝宗末年而有獄空之奏恐小人狐媚其君大爲謬言以欺君也不然胡不書曰大理寺獄空書曰奏獄空是出臣下之籠蔽非真有是事明矣

戊申

十有五年

春正月復置補闕拾遺官

金禁女真人學南人衣飾

金大定二十八年

施師點罷以黃洽知
樞密院事蕭燧參知
政事
二月金遣使來弔祭
三月葬永思陵
洪邁請廟號世祖尤袤言光武以長沙王後布衣崛起不與哀平相繼其稱祖無嫌太上中興雖同光武實繼徽宗正統以子繼父非光武比乃定號
高宗
夏四月祔高宗于太廟
五月王淮罷
六月以朱熹爲兵部郎
官未上而罷貶侍郎

金人遣使入
朝弔祭

金建女真太
學

林栗知泉州

朱子因周必大之薦得授兵部郎官之職而林栗鄙夫因與熹論易西銘不合遂上言詆罷惜哉

秋七月

八月朔日食

冬十二月以朱熹爲崇政殿說書熹辭不至

己酉

十有六年

春正月黃洽罷以周必

恩平王璩卒

帝友愛甚至每宴呼以官而不名卒追封信王

金大定二十九年

金主雍卒孫

大留正爲左右丞相王藺參知政事葛邲同知樞密院事

二月朔日食

帝傳位于太子太子即位尊帝爲壽皇聖帝皇后爲壽成皇后皇太后爲壽聖皇太后大赦

立皇后李氏后安陽人慶遠節度使道之女也

三月廢補闕拾遺官

夏五月周必大罷

璟立在位十九年壽四十一歲

光宗皇帝名惇孝宗子在位五年壽五十四年

宋光宗紹熙元年

庚戌 紹熙元年

春正月朔帝朝壽皇于重華宮

二月殿中侍御史劉光祖乞禁譏議道學者

夏四月以伯圭嗣秀王伯圭壽皇母兄而秀王子偁之長子也詔即湖州秀園立廟奉神主建祠臨安府以藏神御而以伯圭嗣王

秋七月以留正爲左丞相王藺爲樞密使葛邲參知政事胡晉臣簽書樞密院事

伯圭嗣秀王

金章宗璟明昌初年

冬十二月王藺罷以葛邲知樞密院事胡晉臣參知政事

辛亥二年 冬十一月帝有事于太廟后殺貴妃黃氏翌日郊大風雨不卒事而還帝有疾			金明昌二年		
壬子三年 春三月帝疾瘳羣臣請朝重華宮不果行 夏六月以陳騤同知樞密院事			金明昌三年		

冬十一月日南至越六日帝始朝重華宮后歸謁家廟光宗不能防閑其妻李氏之惡著矣

是歲諸路大水

癸丑四年

春三月以葛邲爲右丞相陳騤參知政事胡晉臣知樞密院事趙汝愚同知院事

夏五月賜禮部進士陳亮及第

留正乞罷相不許正出城待罪

金明昌四年

召浙東副總管姜特立還

胡晉臣卒

姜特立帝東宮舊臣帝命知閤門事聲勢寖盛留正列其招權預政之事乞斥逐之既而帝念特立不已召之使還正乞罷不報乃待罪六和塔尋復命姜特立還浙東

秋七月以趙汝愚知樞密院事余端禮同知院事

八月

九月羣臣請帝朝重華宮不聽冬十一月始朝

召留正赴都堂視事

冬十二月以朱熹知潭州

金主璟貸孔子廟

夏主仁孝卒子純佑立

使者自金還言金人問朱先生安在故有是命

甲寅五年

春正月壽皇有疾

葛邲罷

夏四月帝及后幸玉津園羣臣請帝問疾重華宮不從

五月壽皇疾大漸詔嘉王擴問疾重華宮

六月壽皇崩帝稱疾不出留正等請壽聖皇太后代行喪禮

親喪固所自盡豈太后所可代而行之哉光宗誠可謂滅絶天理者矣

金明昌五年

金購求遺書

史臣曰高宗以公天下之心擇太祖之後而立之乃得孝宗之賢聰明英毅卓然爲南渡諸帝稱首卽位之初銳意恢復重違高宗之命不輕出師又值金國平治無釁可乘然易表爲書改臣稱姪減去歲幣以定鄰好金人易宋之心至是亦寖異于前日自古人君起自外藩入繼大統而能盡宮庭之孝未有若帝者終喪三年又能却羣臣之請而力行之廟號孝宗其無愧乎

尊壽聖皇太后爲太皇太后壽成皇后爲皇太后

秋七月留正請建太子不許遂稱疾而遁

太皇太后詔嘉王擴成服卽位尊帝爲太上皇帝皇后爲太上皇后

嘉王擴成服卽位以奉上皇民心悅懌中外宴

宋光宗紹熙五年

然趙汝愚之力也

立皇后韓氏

后琦五世孫父曰同卿侂胄其季父也被選入宮能順適兩宮意遂歸嘉王邸至是立爲后

大赦○以趙汝愚兼權參知政事

復召留正赴都堂視事

詔求直言

以趙汝愚爲右丞相汝愚辭遂以爲樞密使

以陳騤知樞密院事羅點簽書院事余端

禮參知政事
加殿前都指揮郭杲
武康節度使知閤門
事韓侂冑汝州防禦
使

侂冑欲推定策功而僅遷防禦使大失所望禍自此始矣

八月召朱熹至以爲煥
章閣待制兼侍講

先是嘉王府翊善黃裳薦熹爲天下第一等人嘉王府直講彭龜年因講魯莊公不能制其母云母不可制當制其侍御僕從王問此誰之說對曰朱熹自後每講必問朱熹說如何至是趙汝愚首薦熹遂自知潭州召入經筵

增置講讀官
內批罷左丞相留正
以趙汝愚爲右丞相
冬十月詔議祧廟
閏月內批罷煥章閣待
制兼侍講朱熹
時正人漸逐朱熹乃上疏條陳激怒韓侂冑因假內批而擯斥之也熹登第五十年仕于外僅九年立朝才四十六日進講者七知無不言既去侂冑益無所忌憚矣
十一月以韓侂冑兼樞
密都承旨
詔行孝宗皇帝喪三
年

葬永阜陵
十二月內批罷吏部侍郎兼侍講彭龜年進韓侂胄一官

寧宗皇帝 光宗子名擴在位三十年壽五十七歲

乙卯 慶元元年

春正月白虹貫日以李沐爲右正言
二月罷右丞相趙汝愚 韓侂胄欲逐趙汝愚而難其名京鏜曰彼宗姓也誣以謀危社稷則一網打盡矣侂胄因李沐嘗有怨于汝愚引爲右正言使誣奏汝愚乞罷

金明昌六年

其政

三月朔日食

夏四月以余端禮爲右丞相鄭僑參知政事京鏜知樞密院事謝深甫簽書院事

流大學生楊宏中等六人六人福州楊宏中張衜林仲麟徐範温州周端朝信州蔣傳六人伏闕上書言李沐論罷趙汝愚也

六月右正言劉德秀乞考核邪正真僞遂罷國子司業汪逵等

加韓侂胄保寧節度

安置大府寺丞呂祖儉于韶州以上書訴趙汝愚之忠朱熹老儒彭龜年舊學李祥老成不當罷斥也

使

冬十一月竄故相趙汝愚于永州汝愚至衡州暴卒

曰故相旣以明其無罪曰暴卒復以哀其非命也

丙辰 二年

春正月以余端禮京鏜爲左右丞相謝深甫參知政事鄭僑知樞密院事何澹同知院事

二月以端明殿學士葉翥知貢舉

趙汝愚卒

金平章政事完顏守貞罷

金承安初年

是時以僞學斥君子而所用者皆蠅營狗苟之徒如余端禮京鏜之爲丞相謝深甫之爲參政鄭僑何澹之知樞密葉翥之知貢舉皆韓侂冑之爪牙同惡相濟爲何如哉

夏四月余端禮罷

秋八月禁用僞學之黨

冬十月召陳賈爲兵部侍郎

以其嘗擊朱熹也

十二月削祕閣修撰朱熹官竄處士蔡元定于道州

沈繼祖摭撫胡紘之姦言詆毀朱蔡誠王法之所不容也寧宗信而任之抑又何哉

丁巳 三年

夏閏六月貶留正爲光祿卿居之邵州

冬十一月太皇太后吳氏崩諡曰憲聖慈烈

十二月籍僞學罷吏部侍郎黃由

金承安二年

戊午 四年

春三月葬憲聖慈烈皇后

夏五月加韓侂冑少傅封豫國公

金承安三年

詔嚴僞學之禁

秋八月育太祖十世孫與願于宮中賜名曮

帝未有嗣京鏜請擇宗室子育之詔育燕懿王德昭九世孫與愿于宮中年六歲矣尋以爲福州觀察使賜名曮封衛國公

己未

五年

春正月

二月

秋八月帝始朝太上皇于壽康宮

奪前起居舍人彭龜年等官

放劉光祖于房州

金承安四年

九月加韓侂胄少師封平原郡王
是歲諸州大水

庚申 六年
春閏二月以京鏜謝深甫爲左右丞相何澹知樞密院事
三月故祕閣修撰朱熹卒
卒年七十一謚曰文黃榦曰由孔子而後曾子子思得其微至孟子而始著由孟子而後周程張子繼其統至朱子而始著
夏六月朔日食
太上皇后李氏崩

金承安五年

謚曰慈懿

秋八月太上皇崩年五十四

攢慈懿皇后于修吉寺

九月處士呂祖泰上書請誅韓侂冑詔配祖泰于欽州牢城

冬十月加韓侂冑太傅

十一月皇后韓氏崩謚曰恭淑

十二月葬永崇陵攢恭淑皇后于廣教寺

辛酉 嘉泰元年

春二月臨安大火

秋七月何澹罷以陳自強參知政事張釜簽書樞密院事

大旱

八月張釜罷以張巖參知政事程松同知樞密院事

以吳曦爲興州都統制

曦挺之子時爲殿前副都指揮使自以世守西蜀爲國藩屏而身留行都不得如志乃以賄賂宰輔規圖帥蜀至是爲興州都統制譜副都統制王大節罷之由是兵權悉歸于曦而異志遂成矣

金泰和元年

乃蠻襲西遼滅之

西遼王直魯古出獵乃蠻王屈

出律伏兵八千擒之而據其位尊直魯古爲太上皇直魯古尋死遼祀遂絶

壬戌 二年

春正月以蘇師旦兼樞密都承旨

師旦以筆吏事韓侂冑侂冑愛其辯慧帝登極竄其姓名于藩邸吏士冊內遂以隨龍得官至是權勢日盛

二月弛僞學黨禁復諸貶謫者官

僞學之禍雖本于侂冑然實京鏜創謀而何澹劉德秀胡紘成之及鏜死三人亦罷侂冑亦厭

金泰和二年

前事之乖戾欲稍更改以消中外之議

夏五月朔日食

冬十二月立貴妃楊氏爲皇后

加韓侂胄太師

癸亥

三年

春正月謝深甫罷

帝視太學

夏四月朔日食

五月以陳自強爲右丞相

秋七月造戰艦

八月增置襄陽騎軍

尋又置澉浦水軍

金泰和三年

甲子 四年

春正月韓侂胄定議伐
金

金爲北鄙阻韃等部所擾無歲不興師兵連禍結府庫空匱國勢日弱民不堪命有勸侂胄立功以自固者而侂胄恢復之議遂起然不待朝命而自定議則其專輒無君已見于此何待他時而後見耶

三月臨安大火詔百官
陳時政闕失

夏五月追封岳飛爲鄂
王

金泰和四年

乙丑 開禧元年

金泰和

春三月太白晝見
夏四月竄武學生華岳于建寧
岳上書言未宜用兵宜斬韓侂冑蘇師旦周筠以謝天下
五月
秋七月詔韓侂冑平章軍國事
以蘇師旦爲安遠節度使領閤門事
九月

五年

金以僕散揆爲河南宣撫使

以邱宗爲江淮宣撫使宗辭不拜

冬十二月金遣使來

金遣使入賀正旦

丙寅 二年

金泰和六年

春二月壽慈宮火

以程松爲四川宣撫使吳曦副之

夏四月追奪秦檜王爵改謚繆醜

以薛叔似爲京湖宣撫使鄧友龍爲兩淮宣撫使

吳曦反獻階成和鳳四州于金以求封

五月下詔伐金

詔以宗室均爲沂王

詔均爲沂王柄嗣

柄嗣賜名貴和柄孝宗孫魏惠獻王愷之子均之父曰希瞿太祖九世孫也

秋七月以張巖知樞密院事李壁參知政事

冬十月

十一月以邱崈簽書樞密院事督視江淮軍馬

金僕散揆分兵入寇

金人陷京西州軍招撫使趙淳焚樊城而遁

金人入西和

夏李安全廢其主純佑而自立安全崇宗孫越王仁友之子也廢純佑自立改號應天未幾純佑死安全號之曰桓宗

州十二月入成州吳曦焚河池退壁青野原

十二月薛叔似免

邱崈遣使如金軍議和金僕散揆還軍下蔡積弱之宋不能坑積威之虜邱崈議和亦權而得中也程松自興元逃歸

金人陷真州寇六合金人入大散關吳曦還興州蒙古奇渥温鐵木真稱帝于斡難河鐵木真之先有曰孛端乂兒母阿蘭果火生二子而寡居夜寢屢有光明照其腹又生三子孛端乂兒其季也其後子孫蕃衍各自爲部

宋寧宗開禧二年

居于烏桓之北與畏羅乃蠻九姓回鶻故城和林接壤世奉貢于遼金而總隸于韃靼至也速該并吞諸部勢愈盛大攻塔塔兒部獲其部長鐵木真還交于跌里溫盤陀山而生子因以鐵木真名之也速該死塔塔兒部叛金鐵木真自斡難河帥衆會金師同滅之以功授察兀秃魯猶中國之招討使也又以乃蠻侵掠太甚鐵木真議伐乃蠻乃蠻太陽罕與蔑里乞諸部合兵勢頗盛鐵木真與之大戰擒太陽罕殺之諸

丁卯　三年

春正月罷邱崈以張巖督視江淮軍馬

二月

吳曦自稱蜀王

以楊輔爲四川制置使吳曦逐之

以知建康府葉適兼江淮

金泰和七年

蒙古滅乃蠻　部衆潰鐵木真日益盛強明年遂攻西夏破力吉寨經思落城大掠而還至是大會諸部長于斡難河之源建九斿白旗自號爲成吉思可汗是爲元之始祖

金平章政事僕散揆卒于下蔡

三月

夏四月以錢象祖參知政事

五月太皇太后謝氏崩 諡成肅

六月

制置使四川轉運使安丙誅吳曦傳首臨安

安丙使興州將李好義等復西和階成鳳州及大散關

程松以罪竄澧州

安丙殺宣撫司參議官楊巨源

秋九月葬成肅皇后
冬十一月禮部侍郎史彌遠誅韓侂胄于玉津園詔暴侂胄罪惡于中外
立榮王曮爲皇太子更名幬尋更名詢
十二月以錢象祖爲右丞相兼樞密使衛涇雷孝友參知政事史彌遠同知樞密院事

吳曦之誅巨源之力居多論功行賞固其宜也何詔命一字不及巨源安丙不思敝賢之失反怒而殺之其惡甚矣

治韓侂胄黨竄陳自強于永州斬蘇師旦流郭倪等于嶺南貶李璧等官

林大中簽書院事

戊辰 嘉定元年

春正月以史彌遠知樞密院事

王柟還自汴

三月以韓侂胄蘇師旦首畀金

復秦檜爵謚

臨安大火

火凡四日焚御史臺等官舍十餘所民舍五萬八千九十七家城內外亘十里餘死者甚衆

夏六月金人來歸大散關及濠州

金泰和八年

金人歸大散關及濠州

秋七月

九月金遣使來和議成

冬十月以錢象祖史彌遠爲左右丞相雷孝友知樞密院事樓鑰同知院事婁機參知政事

贈趙汝愚太師沂國公 諡忠定後追封福王

十二月錢象祖罷

己巳 二年

邱崈卒

金遣使入朝和議成

金主璟卒衛王永濟立 凡五年

金主永濟大安初年

春正月以樓鑰參知政事章良能同知樞密院事宇文紹節簽書院事

夏四月

五月起復右丞相史彌遠

彌遠以母憂歸治喪太子請賜第行在令就第持服以便咨訪

金主永濟殺其故主璟妃李氏

蒙古入靈州夏主安全降

夏自是益衰

庚午　三年

夏四月朔日食

金大安二年

秋八月

冬十二月婁機罷

辛未 四年

春三月臨安大火 延及太廟詔遷神主于壽慈宮焚民舍二千七十餘家

夏四月

秋八月

蒙古侵金

夏侵金葭州

金大安三年

金使人求和于蒙古蒙古不許

蒙古攻金西京留守紇石烈胡沙虎棄城遁金西北諸州皆降蒙

夏主安全卒族子遵頊立 遵頊改號光定號安全曰襄宗

閏九月			古
			金兵禦蒙古敗績于會河蒙古遂入居庸關大掠而去
冬十一月朔日食			金以徒單鎰為右丞相紇石烈胡沙虎為右副元帥
壬申 五年			金崇寧初年
春三月			金紇石烈胡沙虎有罪放歸田里

夏五月

秋七月雷雨太廟屋壞

癸酉六年

春二月樓鑰罷

金河東陝西大饑斗米錢數千流莩滿野

金至寧初年
九月以後宣宗珣貞祐初年

安南王李龍翰死其壻陳日照襲王國事龍翰卒子昊旵嗣尋卒無子以女昭聖主國事其壻陳日照因襲取之李氏自公蘊八傳凡二百二十餘年而易姓

故遼人耶律留哥取金遼東州郡自立

夏四月以章良能參知政事

五月

秋八月

金主永濟復以紇石烈胡沙虎爲右副元帥

胡沙虎弒永濟而立昇王

夏侵金保安慶陽

爲遼王

留哥契丹人仕金爲北邊千戶蒙古兵起金疑遼遺民有他志留哥不自安遁至龍安聚衆十餘萬自爲都元帥遣使附于蒙古金遣胡沙往攻留哥大敗之遂自立爲遼王改元號元統

冬十月

珣自爲太師尚書令都元帥封澤王珣在位十一年壽六十一

蒙古大敗金將朮虎高琪于懷來進圍燕高琪還殺胡沙虎金主以高琪爲左副元帥

蒙古以史天倪爲萬戶屯霸州時蒙古木華黎統兵侵金所向殘破永清人史秉直聚族謀曰

十二月

方今喪亂何以自保既而知降者得免乃率里中數千人詣涿州軍門降木華黎欲用秉直秉直辭乃以其子天倪爲萬戶領降人家屬屯霸州

蒙古分兵拔夏取金涇州

金河北河東諸州郡

甲戌 七年

春正月

章良能卒

金貞祐二年

金以其故主永濟之女歸蒙古夏四月及蒙古平金左丞相徒

夏五月

秋七月罷金歲幣從真德秀之諫也

夏人請會師伐金不報

九月朔日食

冬十二月

畢鑑卒	金主珣徙都汴扈衛亂軍叛降蒙古	蒙古復圍燕夏人請會師伐金不報	蒙古將木華黎攻金遼西州郡下之	金張鯨據錦州自稱臨海王附于蒙古時興中府石天應亦降蒙古

乙亥 八年

春二月雷孝友罷

三月

秋七月以鄭昭先參知政事曾從龍簽書樞密院事

八月

金貞祐三年

金主遣兵救燕與蒙古兵遇于霸州大潰五月中都留守右丞相完顏承暉自殺蒙古遂入燕

金命侯摯行尚書省事于河北

冬十月			蒙古攻金潼關不克遂自嵩山趨汴金人敗之乃還	夏取金臨洮
十一月		以真德秀爲江東轉運副使		
十二月			蒙古木華黎殺張鯨鯨弟致復據錦州自稱瀛王	
丙子 九年 春二月朔日食 東西兩川地大震 馬湖夷界山崩八千里江水不通			金真祐四年	

夏四月	六月	秋七月	冬十月	十一月
金以胥鼎爲尚書左丞行省事于平陽	張致降金	金郝定稱帝于山東侯摯討殺之	蒙古克金潼關	蒙古木華黎圍錦州殺張致 金以苗道潤爲中都經略使
遼王留哥降蒙古 蒙古主以爲元帥居廣寧府				

丁丑 十年

春正月地震

金興定初年

二月

金尚書省請罷府州學生廩給金主不許

夏四月

金人分道入寇詔趙方李珏董居誼飭兵禦之

五月

趙方遣統制扈再興鈐轄孟宗政等救棗陽金人敗走

六月詔伐金○太白經

天 秋七月朔日食		李全率衆來歸詔李珏等節制京東忠義軍			
八月			金以河南爲中京		
冬十二月		李全及其兄福襲金青莒州取之	蒙古以木華黎爲太師經略山南	蒙古圍夏興州夏主遵頊出奔西涼	
戊寅 十一年			金興定二年		
春正月		以李全爲京東路總管			
夏四月			金人陷西和成階州及河		

秋八月

池興元都統吳政敗之乃去

冬十二月

蒙古木華黎復攻取金河東州郡金元帥烏古論德升等死之

金主珣遣使入朝求和不納遂使其太子守緒會兵入寇

己卯十二年

春正月以曾從龍同知

金興定三年

金人復寇西夏人請會師

樞密院事任希夷簽書院事

夏人請會師伐金詔許之

三月

夏四月曾從龍罷

金人寇淮西賈涉使李全救卻之詔加全廣州觀察使	復以安丙為四川宣撫使	
和成鳳州 金人復大舉圍棗陽趙方使知隨州許國等率師攻唐鄧以救之		金築汴京裏城蒙古張柔侵金獲賈瑀殺之金武仙與戰于滿城敗績河北郡縣多降蒙古
伐金詔許之		

六月		孟宗政扈再興合擊金人于棗陽大敗之追至鄧州而還	
秋九月		以賈涉主管淮東制置司節制京東河北軍馬	蒙古鐵木真伐西域諸國 金張林以山東諸郡附李全來歸
冬十二月		趙方使扈再興許國孟宗政帥師分道伐金	金右丞相朮虎高琪有罪伏誅
庚辰 十三年			金興定四年

御批當時金之兵力固衰以敵方張之元則不足以敵垂微之宋則

春正月	夏四月	秋七月	八月太子詢卒（諡曰景獻）
孟宗政敗金人于湖陽			金嚴實據青崖崓以魏博等郡來歸李全遂會張林襲東平敗績乃還
	金封經略使王福等九人爲郡公分河北山東地以隸之	金使人如蒙古求和（呼蒙古主爲兄蒙古主不允）	金恆山公武仙以真定降蒙古木華黎以史天倪權知河北西路兵馬事仙副
			夏取金會州金遣使如夏議和

宋寧宗嘉定十三年

有餘兵法有云知彼知己宋人何其昏憒也先是遼困于金宋乘其釁已爲遼所敗前車既覆而不悔亦深可憫哉

九月

冬十一月

安丙遣兵會之

夏人伐金

蒙古遣使報金

蒙古木華黎入濟南嚴實復以魏博等郡降蒙古金人襲蒙古木華黎于濟南大敗木華黎進圍東平

金興定五年

辛巳十四年

夏五月朔日食

六月立沂王嗣子貴和

宋寧宗嘉定十四年

為皇子更名竑

貴和燕懿王德昭之後太祖九世孫希瞿之子本名均因沂靖惠王無嗣詔為沂王子賜名貴和至是立為皇子

秋八月

九月立宗室貴誠為沂王後

貴誠初名與莒燕懿王德昭之後太祖九世孫希壚之子也母全氏家于紹興山陰縣初慶元人余天錫為史彌遠府童子師彌遠器重之彌遠以帝未有儲嗣而沂王沂屬亦無後欲借沂王置後為名陰擇宗室可立者備皇子之選會

京湖制置大使趙方卒

忠盡自守堅如鐵石

天錫還鄉秋試彌遠以其意密授之天錫渡浙舟抵越西門會大雨過全保長家避雨保長知其爲相府客待甚肅又以其外孫與莒與芮見焉天錫憶彌遠言還臨安告之彌遠召二子來大奇之恐事洩使保長還撫于其父家及貴和立爲皇子乃補與莒爲沂王後即賜名貴誠時年十七矣

冬十月

十一月

四川宣撫使安丙卒詔以

蒙古木華黎侵夏夏人以兵附之遂取金葭川及綏德州十一月圍延安府

張林叛降蒙古木華黎以

夏人復乞會師伐金

壬午 十五年

春正月朔受恭膺天命寶于大慶殿大赦

初鎮江都統翟朝宗得璽于金師獻于朝旣而趙拱又得玉印文與璽同而加大朝廷喜受之行慶賀禮大赦

夏五月進封子竑爲濟國公以貴誠爲邵州防禦使

秋八月長星見西方

金元光初年

崔與之爲四川制置使盡護蜀軍

林行山東東路都元帥

蒙古耶律楚材謂其主曰女真將易主矣

九月以宣繪參知政事程卓同知樞密院事薛極簽書院事

冬十二月

癸未 十六年

春三月

大名忠義彭義斌復京東州縣

嚴實將晁海以青崖峒降 嚴實本金將降蒙古者

以李全為保寧節度使京東河北鎮撫副使

蒙古鐵木真入西域屠蔑里城滅回回國大掠忻都而還

金元光二年

蒙古木華黎

宋寧宗嘉定十六年

夏五月

六月

九月朔日食

冬十二月

程卓卒

賈涉卒

死于解州

木華黎雄勇善謀與博爾朮博兒忽赤老溫俱以忠勇事其主號爲掇里班曲律猶華言四傑也卒年五十四

蒙古初置達魯花赤監治郡縣 達魯花赤猶華言掌印官也

金主珣卒子守緒立 在位十一年壽三十一

蒙古攻夏夏主遵頊傳國于其子德旺

甲申 十七年

春三月金使人來請和
秋閏八月帝崩史彌遠
矯詔立沂王子貴誠
更名昀尊皇后爲皇
太后同聽政封皇子
竑爲濟王出居湖州

先是楊后專國政史彌遠權勢薰灼竑心不平嘗書楊后彌遠之事于几上曰彌遠當決配八千里等語彌遠聞之懼嘗思以處竑是以有矯

金哀宗守緒正大初年

七

遵頊自號上皇德旺改元乾定未幾遵頊卒德旺號之曰神宗

詔廢立之事

九月詔傅伯成爲顯謨閣學士楊簡爲寶謨閣學士辭不至以真德秀直學士院魏了翁爲起居郎追封希瓐爲榮王以其子與芮襲封奉祀

帝追封所生父希瓐爲榮王生母全氏爲國夫人而以弟與芮嗣之

史臣曰寧宗恭儉守文初年以舊學輔導之功召用宿儒引拔善類其政可觀中更韓侂胄內蓄羣姦指正爲僞外挑强鄰流毒淮甸函首求成國體虧矣及史彌遠擅權幸帝耄荒竊弄威權至于皇儲國統亦得乘間伺隙遂其廢立之私他可知也

理宗皇帝

名昀初名與莒賜名貴誠太祖九世孫希瓐之子在位四十年壽六十二歲

乙酉 寶慶元年

春正月湖州潘壬起兵謀立濟王竑竑討平之史彌遠矯詔殺竑追貶爲巴陵郡公

二月

三月葬永茂陵

夏四月太后以疾罷聽政

李全作亂焚楚州

金正大二年

蒙古武仙殺史天倪天倪弟天澤討仙仙走西山天澤入真定

六月加史彌遠太師封魏國公

秋七月贈張九成官爵 贈太師追封崇國公

錄程頤後 得四世孫源以爲籍田令

罷直學士院真德秀

冬十月

十一月以薛極參知政事葛洪簽書樞密院事

貶魏了翁官居之靖

蒙古鐵木真伐夏取甘肅州西涼府十一月取靈州進次鹽州川

州罷真德秀祠祿

丙戌 二年

春正月贈陸九齡等官

賜謚錄張栻呂祖謙

陸九淵後

九齡撫州金谿人尊程氏之學舉進士調興國教授改全州教授卒詔贈直秘閣謚文達九淵其弟也後以將作監丞奉祠還鄉學者稱爲象山先生

秋七月

金正大三年

夏主德旺以憂卒弟子睍立

蒙古主入夏城邑多降德旺憂悸而卒國

御批

宋理宗以不得與朱子同時爲憾續編書之以見嚮正學之切不知當時信任僉王卽使朱子在朝恐亦爲讒邪所中不得大行其道此皆掠美虛談且以彰其祖宗之失尤非所宜

丁亥 三年

春正月贈朱熹太師信國公

熹先謚曰文至是特贈太師追封信國公踰月熹子工部侍郎在入對言人主學問之要帝曰先卿中庸序言之甚詳朕讀之不釋手恨不與之同時也紹定中改封徽國公

夏五月

六月朔日食

李全以靑州降蒙古

金正大四年

金遣使請和于蒙古

人立睍號德旺曰獻宗

蒙古鐵木眞滅夏以夏主睍歸

秋八月

冬十二月

蒙古以李全行省事于山東淮南全自青州復入淮安殺張林

金封李全爲淮南王全不受

蒙古鐵木真死于六盤山少子拖雷監國

蒙古主在位二十二年卒年大十六臨卒謂左右曰金精兵在潼關難以遽破若假道于宋宋金世讐必能許我則下兵唐鄧直擣大梁金急必徵兵潼關然兵以千里

赴援人馬疲敝雖至弗能戰破之必矣言詭而卒廟號太祖凡六子拖雷其季子也

戊子 紹定元年

春三月

夏六月朔日食

冬十二月以薛極知樞密院事袁韶同知院事鄭清之簽書院事葛洪參知政事

金正大五年

金將完顏陳和尚大敗蒙古兵于大昌原

己丑 二年

秋八月

冬十二月

金正大六年

蒙古太宗奇渥溫窩闊台初年

蒙古窩闊台立

窩闊台鐵木真第三子鐵木真死窩闊台自霍博之地來會喪耶律楚材以太祖遺詔召諸王及監國奉窩闊台即位于和林東庫鐵為阿剌里之地○在位十三年壽五十六

蒙古始定算賦

庚寅 三年

春二月

冬十月

中原以戶西域以丁蒙古以牛馬羊

蒙古以史天澤等爲萬戶分守中原

金正大七年

起復趙范趙葵節制鎮江滁州軍馬

范葵皆方之子時丁母憂求解官不許乃卒哭俱復視事

蒙古窩闊台帥衆入陝西金以完顏合達移剌蒲阿行省事于閿

十二月以鄭清之參知政事喬行簡同簽書樞密院事詔史彌遠十日一赴都堂治事
立皇后謝氏后天台人丞相深甫之孫也

李全寇揚州趙范趙葵會師擊敗之

鄉以備潼關

辛卯 四年
春正月
夏四月以喬行簡簽書樞密院事

趙范趙葵大敗李全于揚州城下全走死新塘

金正大八年

五月

趙范趙葵等收復淮安

蒙古侵金使速不罕來假道秋七月至沔州統制張宣殺之

蒙古猖獗剗削諸國其來假道者特畏公議不容姑爲盡禮云爾然藉其憑陵之勢不啻泰山之壓卵也張宣不能防守而乃擅殺使人厥後虜得藉口而釁端啓矣

秋八月

蒙古以耶律楚材爲中書令

楚材遼東丹王突欲八世孫金尚書右丞履之子貞

秋九月太廟火

冬十一月

十二月新作太廟

祐三年爲中都行省員外郎中都陷遂降于蒙古至是爲中書令楚材通術數之學故前製庚午元曆上之蒙古主每征伐必令卜其吉凶

蒙古拖雷入饒風關十二月渡漢江金完顏合達移剌蒲阿自順陽還鄧州蒙古追之獲其輜重

壬辰 五年

春正月

以孟珙爲京西兵馬鈐轄屯棗陽

以史嵩之爲京湖制置使

金天興初年

蒙古窩闊台自白坡渡河次鄭州使其將速不臺圍金汴京

金完顏合達移剌蒲阿引軍援汴及蒙古拖雷戰于三峯大敗忠孝軍總領完顏陳和尚死之

二月

金陝西諸將棄潼關東還

三月

蒙古追及之于鐵嶺皆殺之金復以完顏賽不爲左丞相

蒙古圍洛陽金警巡使強伸力戰卻之金遣曹王訛可爲質于蒙古請和夏四月蒙古退軍河洛訛可金主之子也金命其平章政事完顏白

夏五月

六月

秋七月以陳貴誼同簽書樞密院事

撤致仕

金汴京大疫

金徐州軍亂蒙古國安用入據之

金殺蒙古使者三十餘人自是和議遂絕

蒙古國安用降金金封爲兗王行東京尚書省事賜姓名完顏用安

金恆山公武仙等會兵救

閏九月彗出于角以列宿考之角則爲蛟亦悍厲之屬也夷狄竊發之機云爾

冬十月

十二月皇太后楊氏崩諡曰恭聖仁烈

蒙古遣使來議伐金許之

汴八月遇蒙古于京水皆潰	蒙古拖雷死拖雷生六子長蒙哥次木兒哥三忽覩都四忽必烈五旭烈六阿里不哥	蒙古遣使入朝議伐金許之金主守緒出奔河北蒙古速不臺復圍

癸巳	六年	春正月
汴	金天興二年	金主守緒濟河使完顏白撒攻衛州與蒙古兵戰大敗金主走歸德白撒伏誅金汴京西面元帥崔立作亂以梁王從恪監國而幽之自爲太師尚書令都元帥以城降蒙古

三月

夏四月葬恭聖仁烈皇后

金蒲察官奴作亂殺左丞相李蹊等金主以官奴權參知政事

金崔立執其主之后妃及梁王從恪等送蒙古軍蒙古速不臺殺從恪等以后妃北還

前書金劫宋之二帝及后妃北去此書蒙古殺金之梁王以后妃北還百年之間前後一轍非天道之報施耶然宋

宋理宗紹定六年

	五月	六月
雖中微猶延數世金人遁蔡旋踵而亡蓋天厭此德特假手蒙古以償猾夏之罪也合前後書觀之則人心天道安可誣哉	金蒲察官奴幽其主守緒于照碧堂六月官奴伏誅	蒙古取洛陽金中京留守強伸死之金主守緒走蔡州蒙古以孔元措襲封衍聖公

秋七月

八月

九月朔日食

金人來乞糧不許

冬十月以史彌遠爲太師左丞相鄭清之爲右丞相並兼樞密使

孟珙大敗金武仙于馬蹬山降其衆而還	史嵩之以兵會蒙古將塔察兒伐金取唐州	蒙古塔察兒圍金蔡州冬十月史嵩之使孟珙等帥師會之	
		金遣使入朝乞糧不許	金徐州降于蒙古行省右丞相完顏賽不死之

薛極爲樞密使喬行簡陳貴誼參知政事封史彌遠爲會稽郡王奉朝請彌遠尋卒

十一月詔改元 史彌遠卒帝始親政勵精求治鄭清之亦慨然以天下爲己任擢召賢才詔改明年紀元端平

曾從龍宣繒免

十二月薛極免

史彌遠卒

甲午 端平元年 是歲金亡

春正月

以陳蔡西北地分屬蒙古蒙古以劉福爲河南道總

金天興三年

金主守緒傳位于其宗室承麟孟珙以蒙古兵入蔡

管史嵩之使
孟珙等分屯
京西

州守緒及其
尚書右丞完
顏忽斜虎死
之承麟爲亂
兵所殺金亡
承麟時爲東面元帥乃世祖劾里鉢之後白撒之弟也
史臣曰金之初與天下莫疆焉太祖太宗威制中國大槩欲效遼初故事立楚立齊委而去之宋人不競遂失故物熙宗海陵濟以虐政中原觖望金事幾去世宗以仁易暴休息斯民故金祚百有餘年由大定之政有以固結人心

三月詔太常簿朱揚祖
詣河南省謁八陵
夏四月獻金俘于太廟
論功行賞有差
五月賜黃幹李燔李道
傳等謚錄其子
六月以曾從龍參知政

宋理宗端平元年

			復故濟王竑
	以賈貴妃弟似道爲籍田令		趙范趙葵請
爾章宗志存潤色誅求無藝至于衛紹紀綱大壞宣宗南渡棄厥本根連兵宋夏內致困備哀宗之世無足爲者區區生聚圖存于亡力盡乃斃可哀也已雖然國君死社稷哀宗無愧焉		金武仙奔澤州戍兵殺之	金故將李伯

事喬行簡知樞密院
事鄭性之簽書院事
詔復故濟王竑官爵
秋八月朱揚祖還自河
南

官爵

復三京詔知淵等誅崔立
廬州全子才以降
會兵趨汴金
故將李伯淵
等誅崔立以
降
三京宋之故地
趙葵帥師會
全子才于汴
秋七月葵將
楊誼等入洛
陽

蒙古復引兵
至洛陽城下
楊誼軍潰趙
葵全子才遂
棄汴而歸

九月召真德秀爲翰林學士魏了翁直學士院
冬十月詔真德秀進講大學衍義

京湖制置使史嵩之免以趙范代之

陳貴誼卒

乙未 二年
春三月以真德秀參知政事陳卓同簽書樞密院事五月真德秀卒
夏六月以鄭清之喬行簡爲左右丞相兼樞密使曾從龍知樞密院事鄭性之同知院事陳卓簽書院事

真德秀卒

蒙古主使其子闊端等分道入寇

秋七月

蒙古將口温不花寇唐州全子才等棄師走趙范帥兵敗蒙古于上閘而還

冬十二月以魏了翁同簽書樞密院事督視江淮京湖軍馬

曾從龍卒

安南入貢

丙申 三年

春正月

二月召魏了翁還簽書樞密院事固辭不拜既補出外又召使還如呼小兒然是豈待賢之禮邪所以固辭不拜也

以陳韡為松江制置使史嵩之為淮西制置使

蒙古將忒朮斛寇江陵

夏四月魏了翁罷
下詔罪己
秋七月陳卓罷以鄭性之參知政事李鳴復簽書樞密院事
九月有事于明堂大雨震電
鄭清之喬行簡免
召崔與之爲右丞相兼樞密使復辭不至
冬十月
十一月以喬行簡爲左丞相兼樞密使

蒙古初括中原民戶定賦稅

曹友聞與蒙古戰于陽平關敗績死之
蒙古闊端遂入成都

封陳日煚爲安南王

蒙古兵入淮西詔史嵩之趙葵陳韡分

道拒之
孟珙引兵敗
蒙古忒朮觧
于江陵
蒙古將察空
寇真州知州
事邱岳敗之

丁酉
嘉熙元年
春二月以鄭性之知樞
密院事鄒應龍簽書
院事李宗勉同簽書
院事
李鳴復罷
詔經筵進講朱熹通
鑑綱目
三月資政殿學士魏了
翁卒

蒙古始給官
府符印定驛
令

魏了翁卒

贈少師謚文靖

夏五月臨安大火

自巳至酉燒民廬五十三萬

六月鄭應龍罷

以李鳴復參知政事

李宗勉簽書樞密院事

秋八月

蒙古校儒士于諸路

從耶律楚材之奏以經義詞賦論分爲三科取士儒人被俘爲奴者亦令就試其主匿弗遣者死得士四千三十人免爲奴者四之一〇楚材又請一衡量立鈔法定均輸庶政略備民稍蘇

十二月朔日食

戊戌二年

春正月以余天錫同簽書樞密院事

二月以史嵩之參知政事督視京湖江西軍馬置司鄂州

秋九月

冬十月

以孟珙爲京湖制置使

息

蒙古建太極書院于燕京

建周子祠以二程張楊朱游大子配食請趙復爲師選俊秀有識度者爲道學生由是河朔始知道學

己亥 三年

春正月以喬行簡爲少傅平章軍國重事李宗勉爲左丞相兼樞密使史嵩之爲右丞相兼樞密使督視江淮四川京湖軍馬

三月

冬十二月觀文殿大學士致仕崔與之卒

	孟珙復襄陽	崔與之卒 與之有學有守屹然有大臣風與張九齡齊名異代贈少師封南海郡公謚清獻 孟珙遣兵禦蒙古于蜀口遂復夔州
		蒙古以奧都剌合蠻提領諸路課稅

庚子 四年
春正月彗見營室
臨安大饑
二月
夏四月召史嵩之還
秋九月喬行簡罷
冬閏十二月李宗勉卒
以游侶知樞密院事
徐榮叟簽書院事范
鍾參知政事

以孟珙爲四川宣撫使珙遂大興屯田

李宗勉卒

蒙古張柔等分道入寇

蒙古嚴實卒子忠濟嗣

辛丑 淳祐元年
春正月詔加周敦頤張
載程顥程頤封爵與

宋理宗淳祐元年

朱熹並從祀孔子廟庭黜王安石從祀

秋七月

八月求遺書

冬十月

十一月

高麗王瞰以族子爲質于蒙古

蒙古以牙剌瓦赤行省事于燕京

蒙古主窩闊台卒第六后乃馬真氏稱制凡四年（窩闊台立十有三年卒年五十六廟號太宗初蒙古主有旨以孫失烈門爲嗣至是）

高麗王瞰以族子爲質于蒙古

后不從遂稱制于和林失烈門第四子曲出之子也

十二月

余天錫卒

壬寅 二年

春正月游佀罷以范鍾知樞密院事趙葵同知樞密院事別之傑簽書院事

秋九月朔日食

蒙古燕京行省郎中姚樞棄官隱于蘇門

癸卯 三年

春正月

蒙古張柔分兵屯田于襄城

二月

以余玠爲四川制置使

宋理宗淳祐二年

三月朔日食

玠家貧落魄無行士命走揚州上謁趙葵葵壯之留置幕府俾帥舟師所向有功

余玠城釣魚山徙合州治之

蒙古中書令耶律楚材以憂卒

乃馬真氏稱制奧都剌合蠻專政權傾中外后至以御寶空紙使自書塡楚材不敢奉詔后不悅楚材憤悒成疾而卒○楚材正色立朝不爲勢屈每陳國家利病生民休戚辭色懇切爲相二十年死後惟有琴玩十餘及古今書畫金石遺文數千卷至

甲辰 四年

夏六月賜禮部進士留夢炎及第

秋九月詔起復史嵩之將作監徐元杰太學生黃愷伯等上書論之不報

先是黃濤等上書論嵩之深姦擅權帝不聽及其父彌忠疾亟嵩之謁告許之翌日彌忠卒詔嵩之起復徐元杰等上疏論之

冬十一月詔史嵩之終喪

十二月以范鍾杜範爲

順初贈太師進封廣寧王謚文正

左右丞相並兼樞密使
以劉伯正參知政事
游侶知樞密院事趙葵同知院事

乙巳 五年
春正月劉伯正罷以李性傳簽書樞密院事
夏四月右丞相兼樞密使杜範卒
六月

杜範卒

工部侍郎徐元杰暴卒

韓侂胄專擅朝政忌趙汝愚之異己譖貶衡州中毒而卒史嵩之竊弄國柄忌徐元杰之異己

冬十二月以游侶爲右丞相兼樞密使趙葵知樞密院事李性傳同知院事性傳尋罷

雖未譜貶中毒而卒甫膈兩朝如出一轍且聞杜範入相八十日卒左司諫劉漢弼以腫疾暴卒時謂諸公皆中毒堂食無敢下筯者噫小人之禍可畏也哉

丙午 六年

春正月朔日食

二月范鍾罷

蒙古定宗貴由初年

夏六月以陳韡參知政事

秋七月

九月

冬十二月詔史嵩之致仕

寧武節度使漢東公孟珙卒以賈似道爲京湖制置使

蒙古主貴由立

在位三年壽四十三貴由太宗長子母六皇后臨朝四年至是會諸王百官議立貴由乃即位于汪吉宿滅禿里之地朝政猶出于后

丁未 七年
夏四月以王伯大簽書樞密院事吳潛同簽書院事○游侶罷以鄭清之爲太傅右丞相兼樞密使以趙葵爲樞密使督視江淮京湖軍馬陳韡知樞密院事湖南安撫大使
秋七月吳潛罷以别之傑參知政事

戊申 八年
春三月

蒙古主貴由卒后斡兀立海迷失稱制凡二年

己酉 九年 春閏二月以鄭清之為太師左丞相趙葵為右丞相並兼樞密使應䌛謝方叔參知政事史宅之同知樞密院事清之辭免太師許之 夏四月朔日食 冬十二月		史宅之卒				
庚申 十年 春三月趙葵罷		以賈似道為兩淮制置大使李曾伯為京湖制置使				

辛亥 十一年

春三月以謝方叔知樞密院事徐清叟同知院事吳潛參知政事

夏六月

秋七月

蒙古憲宗蒙哥初年

蒙古主蒙哥立 在位九年壽五十二歲

蒙古主命其弟忽必烈總治漠南開府金蓮川

蒙古遣察罕等將兵分道寇淮蜀

	壬子　十二年
冬十一月鄭清之卒以謝方叔爲左丞相吳潛爲右丞相並兼樞密使	春二月朔日食
鄭清之卒	
蒙古忽必烈置經略司于汴分兵屯田蒙古號西域僧那摩爲國師	蒙古主蒙哥徙諸王于邊殺定宗后斡兀立海迷失竄失烈門于沒脫赤失烈門太宗之孫太宗臨殂命立爲嗣則失烈門禮所當立也諸王皆以爲言因兀良合台等

夏六月閩浙大水

嚴衢婺信台處建劍邵同日大水晉城郭漂室廬人民死者以萬數

秋八月

冬十一月吳潛罷

詔求直言

時臨安大火三日乃熄

癸丑 寶祐元年

春正月詔以與芮子禥

不聽推立蒙哥蒙哥憤諸王之異己矣故后之厭禳一徙之一寵之一殺之果可以欺天下乎

蒙古分漢地封宗屬

蒙古使忽必烈將兵擊大理

為皇子封永嘉郡王　與芮帝之母弟也

二月朔日食

夏五月

秋七月資政殿學士余玠暴卒　玠蜀之長城也玠卒之後蜀豈復為宋有哉

冬十二月

召余玠還

余玠卒

蒙古忽必烈滅大理遂入吐蕃降之　虜大理國王段智興

甲寅　二年

春正月

蒙古忽必烈以姚樞為京兆勸農使

夏六月詔籍余玠家財玠子如孫認錢三千萬徵之累年始足

加賈似道同知樞密院事

冬十一月

乙卯

三年

春正月迅雷罷元夕張燈

二月

蒙古忽必烈以廉希憲爲京兆宣撫使

蒙古忽必列徵許衡爲京兆提學衡河南懷慶河內人七歲入學遭世亂且貧無書後從柳城姚

三月雨土（土少陽幼君大臣之象也）

夏五月四川地震閩浙大水

秋七月謝方叔徐清叟免

八月以董槐爲右丞相兼樞密使程元鳳簽書樞密院事蔡抗同簽書院事

樞得程朱氏書益大有得尋居蘇門與樞及竇默相講習慨然以道自任

西南夷盡降蒙古（得五城八府四郡蠻部三十七）

丙辰 四年

夏四月加賈似道參知政事

五月賜禮部進士文天祥及第

六月丁大全逐右丞相董槐詔罷董槐舉洞霄宮竄太學生陳宜中等于遠州

秋七月以程元鳳爲右丞相兼樞密使蔡抗參知政事張磻簽書樞密院事

九月

蒙古城開平府 桓州東灤水北之龍岡

冬十一月蔡抗罷

丁巳 五年

春正月加賈似道知樞密院事召吳淵參知政事淵未至卒

夏六月

秋八月以張磻參知政事丁大全同知樞密院事

戊午 六年

春正月以丁大全參知政事

蒙古罷忽必烈開府命阿蘭荅兒行省事于京兆

蒙古將兀良合台入交阯屠其城

蒙古主蒙哥分道入寇以其少弟阿里不哥守和林

回鶻貢于蒙古

二月

夏四月程元鳳罷以丁大全爲右丞相兼樞密使

秋九月

冬十一月以賈似道爲樞密使兩淮宣撫使

蒙古將李璮陷海州漣水軍賈似道上書請罪詔不問

十二月

以馬光祖爲京湖制置使			詔馬光祖等進軍歸峽州以援蜀
蒙古入西域平乞石迷諸國	蒙古主蒙哥入劍門	蒙古將李璮陷海州漣水軍	

己未 開慶元年

春正月以賈似道爲京湖南北四川宣撫大使

二月

蒙古圍合州王堅力戰禦之

蒙古主蒙哥圍合州

秋七月

蒙古主蒙哥卒于合州城下餘衆解圍北還

八月

蒙古忽必烈將兵渡淮九月渡江遂圍鄂州

九月詔諸路出師以禦

蒙古大出內府銀幣
犒師
冬十月丁大全有罪免
以吳潛爲左丞相兼
樞密使
即拜賈似道右丞相
兼樞密使軍漢陽以
援鄂
十一月詔賈似道移軍
黃州遇蒙古俘卒于
獺草坪獲之
閏月賈似道乞和于蒙
古忽必烈引還鄂州
圍解

庚申 景定元年

蒙古世

春二月蒙古兀良合台至鄂州引還賈似道使夏貴等殺其殿卒于新生磯

三月朔日食

賈似道奏諸路大捷召似道還朝

似道匿和議稱臣納幣之事以所殺獲俘卒殿兵上表言諸路大捷鄂圍始解江漢肅清宗社危而復安實萬世無疆之休帝以似道有再造功召入朝

祖皇帝忽必烈中統初年

高麗王㬚死蒙古忽必烈封其子倎爲王倎後更名植

御批

天下之大待理于一人斷宜讀書明理萬幾洞察于中可以當前立決自然權不下移若中無定見不得不委任臣下漸至乾綱解弛太阿旁落鮮有

白氣如匹練亘天

白者金色金革之象氣乃爲陰夷狄小人之象

夏四月吳潛罷

加賈似道少師封衞國公將士進官有差

以饒虎臣參知政事

戴慶炣同知樞密院事皮龍榮簽書院事

蒙古忽必烈立

在位共三十一年

蒙古召竇默許衡至開平

蒙古初定官制

蒙古以廉希憲爲陝西四川宣撫使

蒙古阿里不哥稱帝于和林

稱帝何不宜稱也

蒙古主以王文統爲中書

不敗者如宋理宗可以爲鑑

五月饒虎臣罷○戴慶炣卒以沈炎同簽書樞密院事

熒惑入南斗留五十餘日

六月立忠王禥爲皇太子

戴慶炣卒

平章政事張文謙爲左丞

五月文謙罷

蒙古阿藍荅兒及六盤守將渾都海舉兵應和林廉希憲等擊敗斬之

蒙古以王鶚爲翰林學士承旨王鶚金正大元年進士第一人

蒙古撤江上軍以史天澤爲江淮經略

秋七月蒙古使翰林侍讀學士郝經來修好賈似道幽之真州似道本是乞和却奏大捷郝經必洩其謀故幽之

以賈似道兼太子太師

冬十二月

辛酉

二年

春正月詔皇太子釋奠孔子加張栻呂祖謙

使

蒙古使翰林侍讀學士郝經入朝修好

蒙古號西僧八思巴爲國師

蒙古中統二年

伯爵並從祀

二月朔日食

夏四月以皮龍榮參知政事沈炎同知樞密院事

五月

六月

以俞興爲四川制置使

瀘川安撫使劉整以瀘州叛降蒙古

整之叛亦賈似道迫

蒙古聽儒士被俘者贖爲民

蒙古以史天澤爲中書右丞相

蒙古以姚樞爲太子太師竇默爲太子太傅許衡爲太子太保皆辭不拜

秋七月竄吳潛于循州
八月
冬十月沈炎罷

壬戌 三年
春正月賜賈似道第宅
家廟
二月皮龍榮罷
臨安饑

之也

俞興討劉整敗績詔罷興

蒙古主忽必烈擊阿里不哥于昔木土敗走之

蒙古中統三年

蒙古修孔子廟

蒙古江淮大都督李璮以京東來歸詔封璮爲齊郡

三月

夏六月故相吳潛暴卒于循州

賈似道遣劉宗申毒之也

秋八月

		吳潛卒	
王復其父全官爵	蒙古殺王文統		蒙古陷濟南李璮死之蒙古以董文炳爲山東經略使
		封陳光昺爲安南王 陳日煚以蒙古兀良合台既還乃反國傳位于其子光昺遣使入告光昺詔封光昺爲安南王加日煚爲安南大王	

九月

冬十月以楊棟簽書樞密院事葉夢鼎同簽書院事

十一月竄丁大全于新州道死

癸亥 四年

春正月

二月詔買公田置官領之

罷翰林學士徐經孫

丁大全卒

蒙古以阿朮爲征南都元帥

蒙古命阿合馬領中書左右部專理財賦

蒙古中統四年

蒙古以姚樞爲中書左丞

三月

秋七月

甲子　五年

春三月增公田官于平江諸路

秋七月彗星出中外上書乞罷公田賈似道力求去位詔勉留之

黥配臨安府學生葉李等于遠州

八月

蒙古始建太廟

蒙古以廉希憲爲中書平章政事商挺參知政事

蒙古至元初年

蒙古阿里不哥自歸于上都蒙古主釋不治其黨不魯花等伏誅

蒙古以劉秉

九月竄建寧府教授謝枋得于興國軍

枋得考試宣城及建康摘賈似道政事爲問目言權姦擅國敵兵必至趙氏必亡漕使陸景思上其藁于似道于是左司諫舒有開劾枋得怨望騰謗大不敬詔竄之

行經界推排法

賈似道請行推排法于諸路由是江南之地尺寸皆有稅而民力竭矣

忠爲太保參領中書省事

蒙古入都于燕

劉秉忠請定都于燕仍號爲中都

冬十月帝崩太子禥即位尊皇后曰皇太后大赦

史臣曰理宗享國與仁宗同然仁宗之世賢相相繼理宗四十年間若崔與之吳潛皆弗究于用而史彌遠丁大全賈似道竊弄國柄相爲終始治效之不逮仁宗宜也蔡州之役可以雪先世之恥顧乃貪地棄盟釁隨起兵連禍結境土日蹙 由中年嗜慾既多怠于政事權移姦臣以致于此然自帝繼統首黜王安石而尊濂洛表章朱氏丕變士習後世有以理學復古帝王之治者考論其功自帝始焉廟號曰理其殆庶乎

十一月

蒙古以阿合馬爲中書平章政事

度宗皇帝

名禥理宗母弟與芮子理宗以爲子在位十年壽三十五歲

宋度宗咸淳元年

乙丑 咸淳元年

春正月朔日食

二月以姚希得參知政事江萬里同知樞密院事王爚簽書院事

三月葬永穆陵

夏四月加賈似道太師封魏國公

閏五月以江萬里參知政事王爚同知樞密院事馬廷鸞簽書院事

秋八月

蒙古至元二年

蒙古以安童爲中書右丞相

冬十月			蒙古命許衡議省事衡辭不許
十一月以留夢炎簽書樞密院事			
丙寅二年			蒙古至元三年
春正月江萬里罷			
二月			蒙古以宋子貞爲中書平章政事
夏四月姚希得王爚罷			
五月以王爚參知政事			
留夢炎同知樞密院事包恢簽書院事			

秋七月

蒙古以張德輝參議中書省事

丁卯 三年

春正月立皇后全氏

后會稽人理宗母慈憲夫人姪孫也

帝釋菜于孔子以顏回曾參孔伋孟軻配列邵雍司馬光于從祀

又升顓孫師于十哲

宋立國江左厭厭不振獨崇儒一節差强人意故雖暴莫如金終不能越長江而問鼎于臨安

蒙古至元四年

蒙古許衡謝病還懷孟

衡陳時務四事一曰立國規模二曰中書大要三曰爲君難四曰農桑學校蒙古主嘉納之衡多病蒙古主命五日一至中書省視事至是始聽歸懷孟

強莫如元亦未遽渡鄂渚而逐鹿于吳地此蓋斯文命脈有以扶持之也

二月以賈似道平章軍國重事三日一朝治事都堂

三月以程元鳳爲右丞相樞密使葉夢鼎參知政事王爚知樞密院事常挺簽書院事

元鳳爚尋罷

夏五月朔日食

秋八月進封嗣榮王與芮爲福王

以葉夢鼎爲右丞相兼樞密使固辭不許

戊辰四年

春正月留夢炎罷

夏四月奪觀文殿大學士惠國公謝方叔官爵

冬十月朔日食

蒙古至元五年

己巳五年

春正月葉夢鼎上疏乞致仕不待報而去

二月

以李庭芝爲兩淮制置大使

蒙古至元六年

蒙古行新字加號西僧八思巴爲大寶

三月以江萬里馬廷鸞為左右丞相兼樞密使馬光祖知樞密院事五月光祖罷

秋八月

蒙古軍圍樊遂城鹿門京湖都統制張世傑將兵拒之戰于赤灘圃敗績

法王特命國師八思巴新創蒙古新字頒行諸路譯寫一切文字其字凡一千餘大要以諧聲為宗

高麗林衍廢其主植而立安慶公淐冬十月蒙古遣兵討之淐植弟也衍權臣林

庚午 六年

春正月江萬里罷 萬里以襄樊爲憂屢請益師往救似道不荅遂力求去出知福州

三月朔日食

夏四月罷直學士院文天祥

秋八月詔賈似道十日一朝入朝不拜

蒙古至元七年

以李庭芝爲京湖制置大使督師援襄樊

蒙古立尚書省以阿合馬平章政事

蒙古以許衡爲中書左丞衡固辭不許

衍所廢立蒙古命趙璧往問其罪且詔止誅衍餘無所問

冬十月

詔范文虎總中外諸軍救襄樊
文虎賈似道之壻也

辛未 七年

春二月大饑

蒙古十一月改國號曰元 至元八年

蒙古復立王植爲高麗王
趙璧至東京時林衍已死乃言于蒙古主以兵衛植復國未幾衍黨裴仲孫等復立植庶族承化侯爲王竄入珍島

夏五月

蒙古兵分道寇嘉定諸路

宋度宗咸淳七年

六月

范文虎帥師至鹿門而遁李庭芝自劾請代不許

蒙古以許衡為集賢大學士兼國子祭酒

秋八月朔日食

冬十一月

蒙古改國號曰元取乾元之義從劉秉忠之請也

十二月初置士籍

壬申 八年

元至元九年

夏五月

李庭芝使統制張順張貴將兵救襄陽與元軍戰敗績皆死之

六月竄資政殿大學士皮龍榮于衡州道卒
秋八月朔日食
九月有事于明堂大雨帝還宮賈似道去位詔出胡貴嬪爲尼似道乃還
似道專輒之心益甚矣
冬十一月馬廷鸞罷
十二月召葉夢鼎入相固辭不至

皮龍榮卒

遣使入元封劉整爲燕王元執使者殺之

癸酉 九年

元至元

春正月樊城陷
二月
三月置機速房于中書
夏六月
秋七月
九月以章鑑簽書樞密

十年

呂文煥以襄陽叛降元

李庭芝免夏四月以汪立信為京湖制置使趙溍為沿江制置使降范文虎一官職任如故竄俞興子大忠于循州

元主立其子真金為太子真金元主之長子初封燕王守中書令兼判樞密院事

元許衡乞罷許之

院事陳宜中簽書院
事
冬十一月

甲戌 十年
春正月賈似道母死詔以鹵簿葬之遂起復似道入朝
秋七月帝崩子嘉國公㬎即位太后臨朝稱制
㬎年四歲似道主嫡立之

以李庭芝夏貴爲淮東西制置使陳奕爲沿江制置使

元至元十一年
元以伯顏爲中書左丞相

詔賈似道獨班起居尊皇太后曰太皇太后皇后曰皇太后

八月大霖雨天目山崩

天目臨安之主山宋都臨安百有餘年今而霖雨山崩是宋亡之兆也

九月

按度宗雖無大失德而拱手權奸衰敝寖甚亡國不于其身幸矣

封兄昰爲吉王昺爲信王

罷京湖制置使汪立信

元以博羅懽爲中書右丞

元太保劉秉忠卒

元史天澤伯顏大舉入寇天澤有疾而還

元呂文煥以伯顏趨郢州劉整以博羅懽趨淮西

冬十月以章鑑同知樞密院事陳宜中簽書院事

十一月以陸秀夫參議淮東制置司事

以王爚章鑑爲左右丞相兼樞密使爚固辭不許

十二月詔賈似道都督諸路軍馬開府臨安似道以孫虎臣總統諸軍

詔天下勤王

元伯顏攻郢州張世傑力戰禦之伯顏遂潛兵入漢屠沙洋昭新郢

陳奕以黃州叛降元

元伯顏攻陽邏堡夏貴帥師拒之伯顏使阿朮襲青山磯遂渡江

元伯顏拔陽

李庭芝遣兵入援

邏堡夏貴棄師走還伯顏遂會阿朮趨鄂州鄂州降伯顏使行省右丞阿里海涯戍鄂遂引兵東下

帝㬎 度宗子在位二年

乙亥 德祐元年

春正月葬永紹陵

以陳宜中同知樞密院事

以呂師夔參贊都督府軍事師夔不受命以江州叛

元至元十二年

元中書左丞劉整死于無為軍

宋帝㬎德祐元年

賈似道出師次于蕪湖二月夏貴引兵會之

二月賈似道復請和于元伯顏不許

賈賊前以議和爲望今又以議和爲辭雖搖尾乞憐無益也賈賊誤宋至此深可恨矣

孫虎臣夏貴之師潰于江上賈似道奔揚州元盡陷江淮州軍

元陷饒州知州事唐震故相江萬里死之

贈震華文閣待制謚忠介萬里太傅益國公謚

降元

知安慶府范文虎叛降元

賈似道出師次于蕪湖

以汪立信爲江淮招討使募兵禦元

元陷池州趙卯發死之

卯發謚文節其妻雍氏贈順義夫人

行宮留守趙溍棄建康而逃

元主封其子那木罕爲北平王

以安童行省院事于北鄙

元平章軍國重事史天澤卒

文忠

賈似道上書請遷都

王爚去位

張世傑將兵入衞遂

復饒州

江西提刑文天祥起

兵勤王

湖南提刑李芾遣兵

入援

以陳宜中知樞密院

事曾淵子同知院事

文及翁簽書院事倪

普同簽書院事

遣元行人郝經還經

至燕卒

賈似道有罪免

陳宜中本附似道者自似道奔後宜中意其已死即上疏乞誅似道以正誤國之罪太皇太后詔授醴泉觀使罷平章都督

右丞相章鑑遁

鑑聞元兵日迫託故徑去

端明殿學士江淮招討使汪立信卒于軍

立信之忠宋始終不渝

三月以王爚陳宜中爲左右丞相並兼樞密使都督諸路軍馬

削章鑑官放歸田里

復吳潛向士璧官貶竄賈似道黨人有差

汪立信卒

元伯顏入建康

建康都統徐旺榮迎伯顏入城居之時江東大疫居民乏食伯顏開倉賑之且遣醫治疾民大悅

詔張世傑總都督府諸軍世傑分道出兵以拒元

有二星鬬于中天一星隕

春秋有星隕如雨者矣綱目有星流如織者矣未有二星鬬于中天者今宋季而有此異其爲宋元爭衡之象而一星隕者宋亡之兆決矣

趣五郡鎮撫使呂文福將兵入衛文福殺使者叛入江州

前書文煥以襄陽叛降又書師夔以江州叛降此書文福叛入江州則呂氏一門之負國亦已甚矣

御批 人臣之誼與國同休戚者也宋之丞相章鑑與廷臣曾淵子輩相率潛逃平日所學何事乃徑不知有綱常全不顧惜廉恥乎

臨安戒嚴曾淵子文及翁倪普等棄位而遁詔戒禁之

夏四月加李庭芝參知政事

五月賜婺州處士何基王柏贈謚

以福王與芮爲浙東安撫大使開府紹興

元禮部尚書廉希賢等來至獨松關守將張濡殺之濡張俊之曾孫也

元阿里海涯寇江陵朱禩孫高達以城降荊南州軍皆陷

元阿朮寇真揚州李庭芝遣守將苗再與姜才帥兵禦戰敗績

籍呂文煥陳奕范文虎家

諡基曰文定贈
王柏承事郎

詔張世傑等四路出兵以禦元

六月朔日食既晝晦如夜

以王爚平章軍國重事陳宜中留夢炎爲左右丞相並兼樞密使都督諸路軍馬

加李庭芝知樞密院事

秋七月放賈似道于循州籍其家

陳宜中去位詔罷王爚爲醴泉觀使召宜

成都安撫使昝萬壽以嘉定諸城叛降元

張世傑與元阿朮戰焦山下世傑敗績奔圖山

昔韓世忠敗于兀朮

元以伯顏爲右丞相阿朮爲左丞相

中于温州

京學生劉九皋等伏闕上書言宜中擅權書上宜中徑去遣四輩召之不至或謂京學之論實爚嗾之太后以爚不能與宜中久處兼爚乞罷平章遂罷爲醴泉觀使

八月

冬十月以留夢炎陳宜中爲左右丞相兼樞密使都督諸路軍馬監押官鄭虎臣殺賈似道于漳州

十一月召文天祥入衛

之火矢卽此地也世傑復蹈其覆轍則將略非其所長蓋可知矣

以李芾知潭州文天祥知平江府

元以廉希憲行省事于江陵

詔張世傑劉師勇總出戍兵

殺賈似道

元伯顏渡江分兵東下

追封故濟王

元陷廣德軍

元將阿剌罕

丙子 二年 五月以後端宗皇帝景炎元年	左丞相留夢炎遁 十二月遣工部侍郎柳岳如元軍請平伯顏不許復遣柳岳如元求封行至高郵民殺之以文天祥簽書樞密院事
	竑爲鎮王
	四安鎮以謝枋得爲江西招諭使知信州元軍破獨松關守將張濡遁
元至元十三年	陷廣德軍四安鎮

春正月參知政事陳文龍同簽書樞密院事黄鏞遁

以吳堅爲左丞相兼樞密使常楙參知政事

日午宣麻慈元殿文班上六人蓋皆遁也噫食君之祿不能死君之事而逃之尚可以名人哉

諸關兵皆潰

遣監察御史劉岊奉表稱臣于元

陸秀夫還言伯顔不肯從伯姪之稱太后命用臣禮

常楙遁以夏士林簽

進封吉王昰

元阿里海涯破潭州湖南鎮撫大使知州事李芾死之湖南州軍皆陷

張世傑劉師

御批

人臣事君自當一言一事極其詳確宋末危急之時陳宜中慟哭請還都乃以倉卒失奏行期致太后東裝虛待儒者涵養察

書樞密院事士林亦遁

召留夢炎不至以爲江東西湖南北宣撫大使

陳宜中請還都不果行

元伯顏軍臯亭山太皇太后遣使奉璽以降右丞相陳宜中夜遁

吳堅文天祥如元軍伯顏執天祥遣堅還

以家鉉翁簽書樞密院事賈餘慶同簽書院事

爲益王判福州信王昺爲廣王判泉州駙馬都尉楊鎮等奉益王廣王走婺州楊淑妃秀王與擇從行

勇各以所部兵入于海

元呂師夔寇江東謝枋得迎戰敗績遂奔建寧山中妻子皆被執

定雖造次必于是顛沛必于是宜中夏愧此矣

二月日中有黑子元伯顏遣人入臨安封府庫收圖籍符印以賈餘慶爲右丞相兼樞密使劉岊同簽書樞密院事與吳堅謝堂家鉉翁並充祈請使如元謝堂逃歸浙江潮三日不至時元軍分駐江沙上杭人方幸之潮汐三日不至元人索宮女內侍及諸樂官宮女赴水死者以百數

元伯顏使范文虎追益王廣王不及執楊鎮還臨安二王遂走溫州

元人以文天祥北去夏貴以淮西叛降元

三月元伯顏入臨安以帝及皇太后全氏福王與芮等北去太皇太后以疾留內

文天祥自鎮江亡入眞州遂浮海如温州

閏月陳宜中等奉益王爲天下兵馬都元帥廣王副之開府福州起兵興復

帝至瓜洲李庭芝使姜才將兵夜擣元軍不克欲奪駕也

文天祥自鎮江亡入眞州遂浮海如温州

元以阿剌罕董文炳行省事于臨安

夏五月朔益王卽位于
福州遙上帝尊號尊
度宗淑妃楊氏爲皇
太后同聽政
以陳宜中爲左丞相
兼樞密使都督諸路
軍馬陳文龍劉黼參
知政事張世傑爲樞
密副使陸秀夫直學
士院
召李庭芝爲右丞相
姜才爲保康軍承宣
使
詔江西制置使趙溍
招諭使吳浚等分道
出師與復帝室

進封廣王爲
衞王

文天祥至自温州以爲樞密使同都督諸路軍馬

元主忽必烈廢德祐帝爲瀛國公

閲史至此寧不爲之浩歎○嘗觀宋徽宗借女眞之兵以滅遼卒爲女眞所侮理宗資蒙古之力以滅金卒爲蒙古所亡綱目于此正色書之所以謹華夷之辨嚴內外之防也

罷直學士院陸秀夫

秋七月文天祥開府南劍州經略江西

李庭芝姜才赴召至泰州揚州守將朱煥泰州裨將孫貴等皆

文天祥都督諸路軍馬 元將唆都陷衢州江東西湖南北宣撫大使留夢炎降	文天祥開府南劍州經略江西
元以伯顏同知樞密院事 元將唆都陷衢州	

降于元庭芝才死之
淮東盡陷
庭芝姜才固守淮東屢蒙詔諭而殺使不降粟雖盡而民無叛心非其忠義何以能此迨至赴召歸閩兵敗被執不屈而亡其精忠勁節可與日月爭光殆與唐之張巡許遠齊名而異代耳
八月元人以太皇太后謝氏北去
太皇以病久留臨安至是元人自宮中舁其牀以出侍衛七十人遂赴燕降封壽春郡夫人
九月
冬十月

宋帝㬎德祐二年

秀王與檡圍婺州元董文炳拒之與檡乃還

元軍分道寇閩廣

文天祥帥師次于汀州

十一月陳宜中張世傑奉帝航海

奉帝及衛王楊太妃登舟時軍十七萬人民兵三十萬人淮兵萬人與北舟相遇值天霧晦冥不辨舟得以進

帝至泉州招撫使蒲壽庚作亂帝走潮州

十二月壽庚以泉州叛降元

帝次惠州遣使奉表請降于元

帝駐惠之甲子門遣倪宙奉表詣元軍請降唆都命其子元帥百家奴偕宙赴燕

秀王與檡與元兵戰于瑞安敗績死之

元軍分道入兩川

以合丹闊里吉思領東川行樞密院攻合州不花李德輝領西川行樞密院攻重慶仍令德輝留成都給軍食

端宗皇帝 度宗長子名昰楊淑妃出即位于福州時年九歲改元景炎在位三年

丁丑 景炎二年

春正月	二月	三月
文天祥移屯漳州汀守黃去疾及吳浚降元	文天祥誅吳浚	文天祥復梅州
元至元十四年	元軍入廣州遂陷廣東諸郡 元以西僧楊璉真加總攝江南釋教	

夏四月	六月	秋七月
張世傑復潮州文天祥引兵自梅州出江西	文天祥敗元軍于雩都秋七月使趙時賞等分道復吉贛諸縣遂圍贛州	張世傑會師討蒲壽庚于泉州傳檄諸路遂復邵武軍
		元諸王昔里吉劫北平王那木罕及安童以叛元主使伯顏討平之

八月

九月帝遷潮州之淺灣

冬十月朔日食

以陸秀夫同簽書樞密院事

十一月元將劉深襲淺灣帝奔井澳

帝至井澳颶風壞舟帝溺幾不救遂得驚疾旬餘諸兵士稍集死者過半

元李恆襲文天祥于興國縣天祥兵潰走循州諸將鞏信趙時賞等皆死之		
	元將塔出等引兵入大庾嶺	元將塔出會兵陷廣州

十二月帝有疾
元劉深襲井澳帝奔謝女峽陳宜中逃之占城 帝復入海至七里洋欲往占城陳宜中請先往諭意度事不可爲遂不返

戊寅 三年 五月帝昺祥興元年

春正月元降封福王與芮爲平原郡公

二月

三月帝遷碙洲

文天祥收兵復出麗江浦 天祥以弟璧及母在惠州乃趨

元至元十五年

元以許衡領太史院事

元以唆都等行省事于福州

夏四月帝崩衞王即位	帝崩年十一羣臣多欲散去陸秀夫曰度宗一子尚在將焉置之古人有以一旅一成中興者今百官有司皆具士卒數萬天若未欲絕宋此豈不可爲國邪乃立衞王年八歲矣改元祥興太妃仍同聽政	六月帝遷新會之厓山	秋七月
之行收兵出海豐縣遂次于麗江浦	曾淵子至自雷州以爲參知政事廣西宣諭使		湖南制置使張烈良等起兵應厓山與
		元以張弘範爲都元帥李恆副之將兵入閩廣	

八月有星隕于廣南
有星墮廣州南初隕色紅大如箕中爆烈爲五既墜地殷如鳴鼓一時頃止
加文天祥少保信國公張世傑越國公
時軍中大疫士卒多死會天祥母亦病沒詔起復之天祥長子復亡家屬殆盡
九月葬端宗皇帝于厓山
陵號永福
冬閏十一月

元阿里海涯戰敗死之海南州縣皆陷

元張弘範襲

十二月元西僧楊璉真加發紹興諸陵
發諸陵之在紹興者及大臣塚墓凡一百一所

帝昺
己卯 祥興二年 是歲宋亡

春正月元張弘範襲厓山張世傑力戰禦之

二月張世傑與元張弘範戰于厓山世傑兵潰陸秀夫負帝赴海死之世傑復收兵至海陵山舟覆而死宋

執文天祥于五坡嶺

元西僧楊璉真加發紹興諸陵

元至元十六年

亡

史臣曰宋雖起于用武功成治定之後以仁傳家然仁之弊失于弱中世有欲自彊以革其弊用乖其方馴致棼擾建炎而後土宇分裂猶能六主百五十年而後亡豈非禮義足以維持君子之志恩惠足以固結黎庶之心歟既而宋之遺臣區區奉二王爲海上之謀雖無救于亡然人臣忠于所事而至于斯其亦可悲也夫

夏四月

秋九月

冬十月文天祥至燕不屈元人囚之

嗚呼天祥忠宋之心至是益見矣方其起兵勤王間關嶺表攻城略地志圖恢復厥謀未遂可哀也已及其至燕元人啖之以爵而天祥不受

元西僧八思巴死

元詔太子參決朝政

則是富貴不能淫元人懾之以威而天祥不屈則是威武不能屈然其心未嘗一日而忘宋也使天意祚宋莫或撓之則恢復之任舍天祥世傑而誰歸

十二月

元增置宿衛

元宿衛皆領于四怯薛以太祖功臣博爾忽博爾朮木華黎赤老溫四族世領怯薛之長怯薛者猶言分蕃宿衛也

歷代統紀表卷之十一

御批

歷代統紀表卷之十二

偃師段長基述　孫鼎鑰鼎鈞校刊

元世祖文武皇帝

名忽必烈太祖鐵木真孫拖雷第四子都燕京至元十七年庚辰滅宋又在位一十五年壽八十凡九傳共八十九年

編年紀事	異姓臣	異國王
庚辰 至元十七年 春正月詔阿里海涯所俘戶口放爲民 三月帝如上都 是時元都燕京宗社係焉百官居焉縱使上都乃祖宗之地既都于燕則彼當爲行在安可復如上都乎 遣使窮河源	都元帥張弘範卒 陝西運使郭琮殺安	

漢之張騫唐之蔡元鼎所訪河源皆不過玉門關外紀載鑿鑿元之都實遠履發源之地紀其分流伏脈歷歷可考較之往代相去懸隔論者乃以爲無益何也

招討使都實受命行四閱月始抵其地既還圖其形勢來上自河之發源以至中國分流伏脈較若列眉

秋七月以郝禎耿仁爲左丞相

阿合馬援引以爲黨也

八月集賢大學士兼國子監祭酒許衡致仕

衡以疾乞致仕皇太子以其子師可爲懷孟路總管以便侍養

翰林學士承旨姚樞卒

謚文獻

九月帝還大都

冬十月以阿利罕爲右丞相復大發兵日本

西王相趙炳詔逮琮誅之

姚樞卒

發兵擊日本

時高麗王暙來朝願益兵併擊之加暙行省右丞相

行授時曆

十一月平章政事廉希憲卒

伯顏曰廉公宰相中真宰相男子中真男子

十二月殺江淮行省平章政事阿里伯右丞燕帖木兒左丞崔斌

俱阿合馬誣謟之也

昭文館大學士竇默卒

帝嘗曰朕求賢三十年得一竇漢卿及李俊民如竇漢卿之心姚公茂之才合而爲一可爲全人矣累贈太師封魏國公謚文正

	廉希憲卒	竇默卒
時高麗王暙來朝願益兵併擊之加暙行省右丞相		

辛巳 十八年

春二月皇后弘吉剌氏崩

按弘后不樂見宋太后全氏母子至京不忍視宋庫寶物不忍奪軍民所分之業其賢豈出宋杜太后之下乎

遣皇太子行邊

三月許衡卒

卒年七十三後贈司徒封魏國公

帝如上都

秋七月

閏月帝還大都

冬十二月以甕吉剌帶爲右丞相阿合馬爲左丞相

	許衡卒	阿剌罕卒于軍八月諸將棄師于海島而還

壬午

十九年

春二月帝如上都

三月益都千戶王著殺阿合馬于闕下

著亦可謂殺身成名死而不悔者也不以義與之可乎

夏四月甕吉剌帶罷以和禮霍孫爲右丞相

以張雄飛參知政事

六月朔日食

秋七月朔日食

八月帝還大都

九月

遣諸王相塔晉兒擊緬

詔戮阿合馬屍遂窮治其黨

詔戮阿合馬屍遂窮治其黨

俱藍國入貢

海外諸蕃惟俱藍尤遠自泉州至其境約十萬里招討使楊庭璧三往招之遂遣使貢寶及黑猿

冬十月復以耶律鑄爲左丞相以宋衍聖公孔洙爲國子祭酒提舉浙東學校

十二月殺宋少保樞密使信國公文天祥

天祥留京三年坐臥小樓足不履地元世祖欲釋之忽有中山狂人自稱宋主欲取文丞相元乃殺之于柴市其衣帶中有贊曰孔曰成仁孟曰取義惟其義盡所以仁至讀聖賢書所學何事而今而後庶幾無愧卒年四十七其妻歐陽氏收其屍面如生尋有張毅甫負其骨歸葬吉州會家人亦自惠舁母曾夫人之柩同日至城下人以爲忠孝所感云

以扎散同平章政事

徵處士劉因爲右贊善大夫尋辭歸

始海運

癸未 二十年

春正月立弘吉剌氏爲皇后

時帝春秋高后頗預朝政相臣常不得見帝輒因后以奏事焉　初弘吉剌之族從太祖起兵有功尋立其女爲后世遂與約曰弘吉剌氏生女世以爲后生男世尙公主故元世諸后多其族焉

三月帝如上都

夏四月罷採民間女子

復命高麗王瑃及阿答海發兵擊日本

冬十月帝還大都
耶律鑄有罪免
十一月

相答吾兒擊緬破之
西南夷十二部俱降

甲申 二十一年
春正月羣臣上尊號
二月還宋宗室及大臣之
仕者于內地
三月帝如上都
秋七月
八月帝還大都
九月京師地震
冬十一月和禮霍孫張雄
飛等罷復以安童爲右

詔封子脫歡爲鎮南
王假道安南擊占城

丞相盧世榮爲右丞史樞爲左丞撒的迷失廉希恕並參知政事

十二月

宋太皇太后謝氏卒于燕

脫歡軍次安南陳日烜分兵拒之

乙酉

二十二年

春正月以阿必失合爲平章政事

二月立規措所謂規畫錢穀也

帝如上都

復以甕吉剌帶爲左丞相

夏五月

脫歡兵擊陳日烜敗走之遂入其城而還日烜遣兵來追唆都

脫歡兵擊陳日烜敗走之日烜之弟陳益稷率其屬來歸

秋八月帝還大都

冬十一月

十二月太子真金卒 阿合馬之黨謀危太子太子以憂卒年四十三

集僧四萬作資戒會 世祖上不敬天下不庇子內受制于其妻而欲求媚鬼神將誰欺哉

丙戌 二十三年

春正月詔罷征日本大舉兵伐安南不果行

李桓戰死

盧世榮伏誅 世榮專橫罪不容誅世祖納陳天祥之言親鞫而戮之亦足以見其明決也

以哈剌哈孫為大宗正

元世祖至元二十三年

三月遣侍御史程文海訪求江南人才

帝如上都

秋七月免左丞爨吉剌帶平章政事阿必失合

世祖惑于桑哥之誣奏也○總制院使桑哥膽巴國師弟子也爲人狡黠豪橫好言財利帝深喜之遂有大任之意

九月

冬十月帝還大都

河決

衝突河南郡縣凡一十五處

海外諸番入貢

諸蕃曰馬八兒曰須門那曰僧急里曰南無力曰馬蘭丹曰那旺曰丁阿兒曰來來曰急蘭亦解曰蘇木都剌等凡十四國因楊庭璧屢奉詔招之俱入貢

丁亥 二十四年

春正月

二月以麥朮督丁爲平章政事

閏月復置尙書省以桑哥鐵木兒並爲平章政事阿魯渾薩里爲右丞葉李爲左丞馬紹參知政事

初置國子監以耶律有尙爲祭酒

設江南各路儒學提舉司

帝如上都

復詔脫歡督諸軍擊安南屢戰敗之陳日烜棄城走

脫歡督軍擊安南陳日烜棄城走

夏四月諸王乃顏反五月
帝自將討平之
冬十月檢覈中書錢穀殺
參知政事郭佑楊居寬
十一月以桑哥爲尚書右
丞相阿魯渾薩里平章
政事葉李爲右丞馬紹
爲左丞
左丞相阿朮卒追封河南王

諸王乃顏反

阿朮卒

戊子
二十五年
春正月帝畋于近郊
二月毁宋故宮爲佛寺復欲取高宗所書九經石刻爲浮屠基杭州府推官申屠致遠力拒止之
三月帝還宮遂如上都

脫歡引軍還陳日烜

元世祖至元二十五年

夏四月徵宋江西招諭使
知信州謝枋得辭不至
詔皇孫鐵木耳行邊
五月河決汴梁
秋九月還大都
置徵理司冬十月遣使
鈎考諸路錢糧
奸臣興利之計如出一轍前有盧世榮立規措所後有桑哥置徵理司厥後桑哥誅戮不異盧世榮以其造惡同也後之欲言利以固寵者當以盧桑爲戒

邀擊敗之尋遣使謝罪

皇孫鐵木耳行邊

南臺御史中丞劉宣自殺
宣忠義節操爲世所重聞者莫不悼惜延祐中賜諡忠獻

遣瀛國公趙㬎學佛于
吐蕃
十二月

己丑 二十六年
春正月地震
開會通河
起須城縣安山西南由壽張西北至東昌又西北至臨清引汶水以達御河長二百五十里
二月帝如上都
以中書右丞相伯顏知樞密院事將兵鎮和林以伯答兒爲中書平章政事

以董文用爲御史中丞

夏四月福建參知政事魏天佑執宋謝枋得至燕不屈死之

初天祐見時方求才欲薦謝枋得爲功遣使誘枋得入城與之言坐而不對或嫚言無禮天祐不能堪逼之北行枋得以死自誓至燕五日不食死子定之護骸骨歸葬信州

五月以忻都爲尚書左丞何榮祖參知政事張天祐爲中書參知政事

六月海都寇邊帝自將討之

閏十月帝還大都

帝幸大聖壽萬安寺

庚寅
二十七年
夏四月帝如上都
河北十七郡蝗
秋八月朔日食
地大震
武平尤甚地陷黑沙水涌出壞官署四百八十間民居不可勝計壓死溺傷者數十萬人
九月赦天下
帝還大都
安童罷
是歲天下戶口之數
戶一千三百一十九萬六千二百有六口五千八百八十二萬四千七百一十有一而山澤溪洞之民不與焉自宋宣和至至元一百六十餘年較宣和不能三分之二

大水
江南民流者四十五萬餘人

辛卯
二十八年
春正月桑哥及阿魯渾薩里葉李以罪免
二月罷徵理司
以完澤爲尚書左丞相
不忽木平章政事
帝如上都
三月
夏五月
復徵劉因爲集賢學士
辭不至
劉因以道自尊世祖能遂其志可謂兩得矣

遼西僧楊璉珈下獄尋釋之

下桑哥獄逮其黨要束木誅之

罷尚書省命右丞相完澤等並入中書

頒行至元新格
右丞何榮祖以公規治民禦盜理財等十事輯爲一書奏頒行之

秋七月桑哥伏誅

八月平陽地震
壞民居萬八百餘區壓死一百五十人

九月以咱喜魯丁爲平章政事

冬十月以雪雪的斤爲平章政事

遣使招諭琉球

遣禮部尚書張立道使安南徵其王入朝
安南王陳日烜死其子日燇襲位

十二月蠲瀛國公田租

壬辰 二十九年

春正月朔日食

開通惠河

二月以亦黑迷失史弼高興並爲福建行省平章政事將兵擊瓜哇

三月誅桑哥黨納速剌丁等

麥朮督丁罷以鐵哥剌真並爲平章政事

帝如上都

徵集賢學士楊恭懿參議中書省事辭不至

恭懿奉元人至元初與許衡俱被召屢辭不起太子真金

令有司以漢聘四皓故事聘之至京師與定科舉之議乃考正曆法曆成授以集賢學士卽辭歸自是復屢召之皆不起

閏夏六月

秋八月帝還大都

九月

十二月

以張珪爲江淮行樞密副使 珪弘範子

元世祖至元二十九年

改封梁王甘麻剌爲晉王鎭北邊 甘麻剌太子真金長子也

安南遣使入貢 張立道至安南見日燇以言責之且要其入朝日燇懼遣其臣何惟巖阮代之隨立道上表謝罪

復遣吏部梁曾等使安南徵其王入朝 時以張立道既還雖遣使來貢而日燇不至故復遣使往徵之

癸巳 三十年

春正月右丞相安童卒

始置社稷

二月以楊璉真加子暗普爲江浙行省左丞

帝如上都

夏四月劉因卒（延祐中謚文靖）

六月詔皇孫鐵木耳撫軍北邊召伯顏還以玉昔帖木兒代之

秋七月以月赤察兒知樞密院事

諸王明里鐵木兒附海都以叛詔伯顏討之

安童卒

以楊璉真加子暗普爲江浙行省左丞（尋以江南民怨楊璉真加罷之）

八月

安南遣使入貢詔安置于江陵復議舉兵伐之

廷臣以梁曾復徵日燇卒不至遂拘留其使者陶子奇于江陵

九月帝還大都

冬十月彗出紫微垣

十一月以伯顏爲平章政事

甲午 三十一年

春正月帝崩

廟號世祖國語曰薛禪皇帝

梁寅曰元之天下殊方絕域靡不臣服輿圖之廣亙古所無然世祖之約不以漢人爲相故爲相皆國族而又不置諫官使忠直路塞文學之士雖世世不乏而沈于下僚莫究其用所賴以爲用者唯吏師而已其爲法如是是以朝皆苟且之政而士無謇諤之風官有貪婪之實而吏多欺詐之文將求保萬邦比隆三代無乃未之思乎

葬起輦谷

元太祖葬處不加築爲陵諸帝皆從葬于是

御史中丞崔彧得傳國璽獻之

時木華黎曾孫碩德巳死而貧其妻出一玉璽鬻之彧以告彧使楊恆辨之曰此乃歷代傳國璽也遂以獻之太子妃弘吉剌氏妃以徧示羣臣丞相以下次第慶曰神寶之出實當東宮晏駕之後此乃天竟屬于皇太孫也乃遣右丞張九思賫授之

按傳國璽五代唐主從珂攜之登玄武樓自焚死于時璽已無矣後之得國者各自製焉此曰得之僞也

夏四月皇孫鐵木耳卽位于上都大赦追尊皇考

元成宗元貞元年

曰裕宗皇帝尊母弘吉剌氏曰皇太后

五月以玉昔帖木兒爲太師伯顏爲太傅月赤察兒爲太保

六月復以帖木兒爲平章政事

賜宋使臣家鉉翁號處士遣還鄉

處士奉使至元至是賜鉉翁還鄉則其在元之高致可想見矣趙孟頫合亦慚于地下

秋七月詔中外崇奉孔子

不忽木罷爲陝西平章政事尋復留之

冬十月帝至自上都

御批

大將統數十萬衆摧堅陷陣能不妄殺者元之伯顏宋之曹彬可以並稱至其勞而不伐若不知有平宋之功則又卓然獨步

十一月以何瑋爲參知政事伯顏察兒參議省事

十二月太傅知樞密院事伯顏卒

伯顏善將大兵不嗜殺人勞而不伐有功而不德宋曹彬以後一人而已卒贈太師追封淮安王謚忠武

成宗皇帝

名鐵木耳世祖太子真金之第三子在位一十三年壽四十三

乙未

元貞元年

春正月以劉國傑爲湖廣平章政事

國傑在湖廣周四境皆有屯戍制度周密諸蠻不能復寇

二月帝如上都

留夢炎致仕

在元爲翰林學士承旨

三月

夏閏四月蘭州河清

上下三百里凡三日非瑞也所以著元運之衰也

六月陝西旱饑

秋九月帝還大都

冬十一月玉昔帖木兒卒

十二月立皇后伯岳吾氏

丙申 二年

春正月詔諸王公主駙馬毋輒罪官吏

二月以不忽木爲昭文館大學士平章軍國事段貞爲平章政事

元之狂瀾未倒者不忽木爲之砥柱也

玉昔帖木兒卒

安南入貢

丁酉 大德元年

春正月以也先帖木兒爲
平章政事

帝如上都

太后幸五臺山

監察御史李元禮諫有五不可可謂善矣

秋九月帝還大都

冬十月禁諸王駙馬奪民
田

以吳元珪爲吏部尚
書

請謁悉絕

戊戌 二年

春二月以張九思梁德珪
並爲平章政事

罷中外土木之役

帝如上都

開鐵幡竿渠
前因完澤之言而罷土木之役此因郭守敬之言而開鐵幡竿渠則其易惑難曉朝令夕改不于此而可見乎

夏五月以何榮祖爲平章政事

秋七月大雨河決江西浙江大水

九月帝還大都

冬十二月彗星見
七月至此三異迭出災異何其多也

元成宗大德二年

駙馬高唐王闊里吉思勒兵備邊遇寇敗沒

召高麗王謜入朝
高麗王昛既傳國于其子謜謜有言僭設司空司徒等官而又擅殺其臣金呂中書請詔謜入朝因留不遣復以昛爲高麗王

御批

凡日月之薄蝕原有定數若日食二分有奇其象甚微且當巳時陽光方盛仰觀未明遂以當

己亥 三年

春正月遣使問民疾苦

以哈剌哈孫爲左丞相

二月帝如上都

秋七月放江南僧寺佃戶

五十萬爲編民

皆楊璉真伽冒入寺籍爲佃戶也

八月朔太史奏日食不應

九月帝還大都

冬十二月以阿魯渾薩里

爲平章政事

命兄子海山鎮漠北

庚子 四年

春二月

皇太后弘吉剌氏崩

食不食爲說可謂浮誕矣今日食不及三分皆不報不入占誠爲有見

三月帝如上都
夏四月以不蘭奚爲平章政事
五月昭文館大學士平章軍國事不忽木卒
閏月帝還大都
冬十二月

不忽木卒

遣雲南行省左丞劉深將兵擊八百媳婦

緬阿散哥也弒其王的立普哇拿阿迪提牙遣雲南平章政事薛超兀兒等發兵討之

初緬人僧哥倫作亂緬王執其兄阿散哥也尋釋之阿散哥也乃率其黨四王于豕牢弒之王文子奔燕京師詔遣薛超兀兒等率行省兵二千人討之

辛丑 五年	夏五月	劉深兵次順元蠻酋宋隆濟等連兵反	
	秋七月	詔薛超兀兒移兵伐金齒諸蠻	
	八月彗出于井入紫微垣		海都復大舉入寇海山大破之海都走死
	九月	免薛超兀兒爲庶人	
	冬十一月	遣劉國傑率師討宋隆濟及蛇節	
壬寅 六年	春正月	劉深引兵還陳天祥諫伐西南夷不報	
	二月帝有疾	西南夷俱叛遣陝西行省平章政事也速觧兒等討平之免劉	

夏四月帝如上都
五月太廟寢殿災
冬十月帝還大都

癸卯 七年
春二月以阿老瓦丁木八剌沙並爲平章政事
三月遣使巡行天下
罷贓汚官吏萬八千四百七十三人審冤獄五千一百七十六事
復以鐵哥爲平章政事
帝如上都
蘭谿處士金履祥卒
履祥少從學同郡王柏及何基之門得朱熹之傳居仁山

深等官

劉國傑敗宋隆濟及蛇節于特墨川擒斬之

金履祥卒

下學者因稱仁山先生至正中賜諡文安

夏閏五月右丞相完澤卒

與不忽木等賢然因劉深之見開西南夷之釁乃其所短也

秋七月以哈剌哈孫爲右丞相阿忽台爲左丞相

八月地震

平陽太原尤甚村堡移徙地裂成渠壞廬舍萬八百區人民壓死者不可勝計

九月帝還大都

復以木八剌沙爲平章政事

十二月彗星見

	完澤卒		
		篤哇遣使乞降	遣翰林學士王約使高麗徵其臣吳祈入朝尋流之安西 昛既復位厚斂淫刑國人羣愬于朝因得其國相吳祈事權離間王父子狀

甲辰 八年

春正月地震 平陽尤甚

二月帝如上都

夏五月朔日食

秋九月帝還大都

以阿里爲平章政事

冬十月

乙巳 九年

春二月建天壽萬寧寺

三月帝如上都

隕霜殺桑 般陽益都河間諸路凡殺桑二百四十一萬七十餘本按僖三十三年冬書隕霜不殺草言宜殺而不殺也定元

立海山爲懷寧王

元成宗大德九年

年冬書隕霜殺菽言未可以殺而殺也今三月霜不可以降桑不可以殺竟隕霜殺桑至二百四十餘萬下干上之證也後二年成宗晏駕諸王爭立其應豈不明與

夏四月大同地震有聲如雷

始定郊祀禮

六月立子德壽爲皇太子

秋七月

以段貞八都馬辛並爲平章政事

八月給曲阜林廟灑掃戶

九月帝還大都

冬十二月太子德壽卒

丙午 十年

命兄子愛育黎拔力八達居懷州答剌麻八剌次子海山母弟也

太子德壽卒

春閏正月以徹里阿散並為平章政事

二月帝如上都

夏五月

秋八月開城地震

先是晉寧冀寧及諸郡地數震至是開城大震壞王宮及官民廬舍壓死五千餘人

冬十一月帝還大都十二月有疾

遣高麗王謜還國復置征東行省

高麗王昛死遂遣謜還仍置行省鎮撫之謜尋更名章

丁未十一年

春正月

安西王阿難答及諸

帝崩

右丞相阿忽台等謀奉

皇后臨朝以安西王攝政右丞相哈剌哈孫遣使迎懷寧王海山于漠北及其弟愛育黎拔力八達於懷州

是時成宗既崩儲嗣久闕懷寧王兄弟乃順宗之子成宗之姪天理人心皆當迎立今皇后既有宿憾忽台相與協謀則是皆助逆之人也苟非哈剌哈孫潛往迎之則亂臣賊子之謀遂矣

二月愛育黎拔力八達至自懷州誅忽台等執阿難答歸於上都

王明里帖木兒入朝

后召入京師欲立之也

夏五月懷寧王海山至上都廢皇后伯岳吾氏居東安殺之誅安西王阿難答及諸王明里帖木兒遂卽位大赦
追尊考曰順宗皇帝尊母弘吉剌氏爲皇太后
加哈剌哈孫朵兒海並太傅阿沙不花太尉
以塔剌海爲左丞相牀兀兒乞台普濟明里不花並平章政事
六月立弟愛育黎拔力八達爲皇太子
以牀兀兒不蘭奚並爲平章政事

秋七月封禿剌爲越王左還右丞相哈剌哈孫爲和林左丞相以月赤察兒爲和林右丞相進爵淇陽王
以塔剌海爲右丞相塔思不花爲左丞相塔失海牙教化法忽魯丁別不花並平章政事
制加孔子號曰大成
賜諸王孝經
以塔海爲平章政事
九月帝至自上都
冬十月命皇太子領中書令
十二月徵處士蕭𣂏爲太

封禿剌爲越王
進月赤察兒爵爲淇陽王

馬謀沙以角觝屢勝遙授平章政事沙的以伶官爲平章政事
自古未有以伶人爲平章者

子右諭德
與陝西奉元人初爲府史語當道不合卽引退力學三十年不求仕進屢徵不起至是徵爲右諭德疾作固辭而歸卒諡貞敏

武宗皇帝
名海山世祖之孫成宗之姪在位五年壽三十一歲

戊申 至大元年

春正月以阿沙不花爲右相丞行御史大夫事
尋以太子請復入中書既又賜爵康國公

三月帝如上都

以脫脫木兒爲平章政事

夏六月隴西雲南地大震

加宦者李邦寧大司

加宦者李邦寧爲大司
徒兼左丞相
秋七月皇子和世㻋請括
河南田詔止之
以答思不花爲右丞相
乞台普濟爲左丞相
八月諸路水旱蝗
九月帝還大都
冬十二月
以乞台普濟爲右丞相
脫脫爲左丞相
閏月太傅哈剌哈孫卒
謚忠獻
詔有司贖饑民所鬻子
女

徒兼左丞相

西僧教瓦班爲翰林
學士承旨
自古未有以僧
爲翰林學士者

以赤因帖木兒爲平章政事

己酉

二年

春正月越王禿剌有罪賜死

始親享太廟 謝受尊號也

帝如上都

秋七月河決歸德又決封邱

八月復置尚書省以乞台普濟爲右丞相脫虎脫爲左丞相三寶奴樂實爲平章政事保八爲右

越王禿剌有罪賜死

月赤察兒攻察八兒諸部漠北悉平

丞忙哥鐵木兒爲左丞
王罷參知政事
書復置尚書省以明其不宜置也今所用之者皆一時之小人自是羣小用事變更制度而天下由是多事矣故備書以譏之
冬十月質江南富民子爲軍
從樂實之言也
十一月
以阿散爲尚書左丞相
行中書平章政事
十二月帝親饗太廟
庚戌
三年
春正月徵李孟入見以爲

平章政事同知樞密院事

李孟太子之傅也先是哈剌哈孫使至懷州太子愛育黎拔力八達疑未行其傅李孟曰宮車晏駕太子遠在萬里殿下當急還宮庭以安人心太子乃奉其母還大都既而大事已決俾李孟參知政事孟以鑾輿未至不敢冒大任固辭弗許遂逃去不知所之至是因太子思之搜訪得于許昌陘山召見乃有是命

立皇后弘吉剌氏

二月

以樂實爲尚書丞相

三月

帝如上都

夏五月詔尚書省右丞相

寧王闊闊出謀反流於高麗

賜諸王察八兒幣帛

脫虎脫左丞相三寶奴總百司庶務尋加脫虎脫太師爵義國公三寶奴爵楚國公

荆襄大水山崩

秋九月帝還大都

冬十一月始以太祖配享南郊

城中都

殺大都留守鄭阿兒思蘭中外冤之

辛亥　四年

春正月帝崩

廟號武宗國語曰曲律皇帝

皇太子罷尚書省誅脫虎脫三寶奴樂實保八王羆流忙哥鐵木兒于

海南

脫虎脫等變亂舊章流毒百姓其罪已甚矣適太子知其弊而流之誅之是乃撥亂反正之宏綱古今人心之天理斯世寧不爲之一快

罷城中都

以鐵木迭兒爲右丞相

完澤李孟並平章政事

召先朝舊臣程鵬飛等十五人

程鵬飛董士選李謙張驢陳天祥尚文劉正郝天挺董士珍蕭𣂏劉敏中王思廉韓從益趙君信程文海天祥等五人不至

二月罷康里脫脫爲江浙行省左丞相

元武宗至大四年

三月皇太子即位大赦

寧夏地裂

遣宦者李邦寧釋奠於

孔子

邦寧既受命行禮方就位忽大風起殿下及兩廡燭盡滅燭臺底鐵鐏入地尺許無不拔者邦寧悚息伏地諸執事者皆伏良久風息乃成禮邦寧因慚悔累日

秋閏七月賜李孟爵秦國

公

增國子生為三百人

九月

還陳益稷舊賜田

益稷安南王陳日烜之弟自世祖遣脫歡兵擊安南日烜敗走其弟益稷率其屬來歸詔居益稷于鄂州賜漢陽田五百頃封為安南王俟平定其國以兵納之後為有司拘所授田就食無所至是帝詔復之

冬十一月復以阿散爲平章政事

壬午
仁宗皇帝名愛育黎拔力八達武宗之弟在位九年壽三十六
皇慶元年
夏四月帝如上都
五月以阿散爲左丞相張驢爲平章政事
秋七月帝還大都
冬十二月李孟罷以張珪爲平章政事

癸丑
二年
春二月鐵木迭兒罷以禿忽魯爲右丞相

元仁宗皇慶二年

立皇后弘吉剌氏
夏四月帝如上都
五月以烏伯都剌爲平章
政事
六月京師地再震
詔以周敦頤程顥程頤
張載邵雍司馬光朱熹
張栻呂祖謙許衡並從
祀孔子廟廷
秋八月帝還大都
冬十一月詔行科舉

甲寅 延祐元年
春正月詔求遺逸
二月禿忽魯罷以阿散爲
右丞相趙世延參知政

事
三月帝如上都
夏六月敕自今宦官勿得授文階
秋八月帝還大都
地震
九月復以鐵木迭兒爲右丞相阿散爲左丞相
冬十二月復以李孟爲平章政事
詔定官民車服之制

復以齊履謙爲國子司業
議定升齋積分之法

乙卯 二年
春正月遣使巡行天下分十二道問民疾苦

元仁宗延祐二年

三月初賜進士護都沓兒張起巖等五十六人及第出身有差

元自混一以來歷三主四十餘年未嘗行科取事前書初詔行科舉此書初賜進士仁宗可謂有元文明之主矣

夏四月朔日食

帝如上都

五月成紀縣山移

是夜疾風雷雹北山南移次日再移平地突出土阜高二三丈

秋七月畿內大雨水

八月帝還大都

加宦官續元暉昭文館大學士

與宦官勿授文階之勅背矣

以趙世延爲御史中丞

冬十一月彗見紫微垣赦

立武宗子和世球爲周王出鎮雲南

仁宗繼兄承大統至是封其兄子爲王出鎮于外欲立子碩德八剌爲太子也此卽宋太宗之所爲其有負于武宗者多矣

丙辰 三年

二月帝如上都平章政事張珪謝病歸

進拜大司徒

秋八月帝還大都

冬十月

武宗子和世球出鎮雲南

世球武宗長子初武宗既立太弟愛育黎拔力八達爲太子後三寶奴復勸立和世球康里脫脫阻之因立太子至是鐵木迭兒徼寵請立皇子碩德八剌又與太后幸臣失烈門譖王于兩宮遂封爲周王出鎮雲南

太史公郭守敬卒

守敬之學長于天文水利度越往古以成一代之制

以趙孟頫爲翰林學士承旨

子昂以宋宗室臣事讎元不知修史至張弘範襲厓山

之日其視陸秀夫張世傑為何如人也嗚呼悲哉

十二月立子碩德八剌為
皇太子

周王和世㻋逃居漠北 聽其臣禿忽魯之言謀逆不成逃居漠北此又不如趙德昭遠矣

丁巳 四年
春三月帝如上都
夏五月以赤因鐵木兒阿卜海牙並為平章政事
六月鐵木迭兒罷以阿散為右丞相
秋七月李孟罷以王毅為平章政事
八月帝還大都

九月以伯答沙爲右丞相

阿散復爲左丞相

嶺北地震三日

戊午 五年

春正月賜買住爵魯國公

買住由湖廣平章政事進爵魯國公大司農未幾御史奏劾之

二月寫金字佛經

共糜金三千九百兩他物稱是嗚呼自東漢以來奉佛養僧未有如元之盛者而元運無百年者是佛之不靈而僧之無法也明矣世有溺而不知返者哀哉

夏四月以千奴史弼並爲平章政事

帝如上都

秋八月帝還大都

九月以亦列赤爲平章政事

己未 六年

夏四月帝如上都

以鐵木迭兒爲太子太師

鐵木迭兒家居未逾年復夤緣起爲太子太師中外莫不驚駭御史中丞趙世延論其不法數十事然以太后之故不聽

揚州火

燬官民廬舍二萬三千三百餘間

六月山東淮南諸路大水

秋八月帝還大都
冬十二月詔太子參決政事

庚申 七年
春正月朔日食帝崩

廟號仁宗國語稱曰普顏篤皇帝帝天性恭儉寬仁通達儒術不事遊畋不喜征伐不崇貨利事皇太后終身不違顏色其孜孜爲治一遵世祖成憲云然即位未幾災異迭見特以忌刻少恩天變應之捷於影響然則人君一念之間所繫如此可不謹諸可不畏諸

伯答沙罷
太后以鐵木迭兒爲右丞相
二月太子以黑驢趙世榮並爲平章政事
鐵木迭兒殺殿前中書

平章政事蕭拜住御史
中丞楊朶兒只
三月太子卽位大赦
尊皇太后爲太皇太后
皇后爲皇太后
加鐵木迭兒爲太師
奪李孟封爵左遷爲集
賢侍講學士
以拜住爲平章政事
拜住安童孫也
夏四月帝如上都
阿散罷
以拜住爲左丞相乃剌
忽塔失海牙並平章政
事

平章政事黑驢御史大夫禿禿哈等謀逆伏誅
冬十月帝還大都
十一月始服袞冕享太廟
詔上書言事者得專達

英宗皇帝
名碩德八剌仁宗子在位三年壽二十一

辛酉至治元年
春正月罷元夕張燈於禁中
二月殺監察御史觀音保等
三月帝如上都

以鐵失爲御史大夫領侍衛親軍都指揮使

夏五月 秋九月帝還大都 冬十一月命鐵失領左右阿速衛 十二月立皇后亦啓烈氏	癸亥二年 春正月勅有司卹孔氏子孫貧乏者 夏四月帝如上都 秋七月
遷武宗子圖帖睦爾於瓊州 時鐵木迭兒懷私固寵搆釁骨肉諸王大臣莫不自危脫中政使咬住告脫歡察兒等交通親王于是徙圖帖睦爾居海南	
	鐵木迭兒卒 鐵木迭兒自復相以來報復私讎殺

太皇太后弘吉剌氏崩
九月京師地震
冬十月以拜住爲右丞相
十二月復以張珪爲平章
政事

癸亥
三年
春正月起王約吳元珪韓
從益商議中書省事吳
澄爲翰林直學士
時約等以年老致仕丞相拜住一新政務尊禮老臣傳詔復起約等
二月命鐵失振舉臺綱
三月帝如上都

害無辜可謂罪大惡極者今而得戮其元以歸地下幸哉

夏六月追奪鐵木迭兒官爵籍沒其家貲

大風拔木拔柳林行宮木二千餘株

奉元行宮正殿災

八月癸亥御史大夫鐵失弑帝於南坡及右丞相拜住

諸王按梯不花等奉璽綬迎晉王也孫鐵木兒於北邊

廟號英宗國語稱曰格堅皇帝帝性剛明諸事明斷然果於刑戮奸黨畏誅遂搆大變

九月晉王即位於龍居河也孫鐵木兒裕宗之孫晉王甘麻剌長子襲封晉王仍鎮北邊

赦

以也先鐵木兒爲右丞相倒剌沙爲平章政事鐵失知樞密院事

冬十月鐵失也先鐵木兒等伏誅

十一月帝至大都

追尊考晉王爲皇帝母弘吉剌氏爲皇后

盜竊太廟神主

以倒剌沙爲左丞相

流諸王月魯鐵木兒等於邊地封買奴爲泰寧王

鐵失也先鐵木兒等伏誅

元泰定帝泰定元年

泰定皇帝

帝初封晉王英宗遇弒以支庶入繼帝統在位五年壽三十六

甲子泰定元年

春正月以乃蠻台爲平章政事

召圖帖睦爾於瓊州

二月開經筵

立皇后八不罕氏

立子阿速吉八爲皇太子

夏四月帝如上都

大風地震

秋八月帝還大都

封圖帖睦爾爲懷王徙雲南王王禪爲梁王

冬十月命左右丞相日直
禁中
是年水旱蝗

乙丑 二年
春正月
三月帝如上都
夏四月草大臣兼領軍務
秋九月帝還大都
冬十二月以塔失鐵木兒
爲右丞相

命懷王圖帖睦爾出
居建康

丙寅 三年
春二月以察乃爲平章政
事

御批

郵傳之設所以速使節非軍國重務不得輕擾之至干金字圓符元時用以備邊乃僧人佩符乘驛者多至傳舍不能容無譏甚矣元政之衰于此可見

帝如上都

夏四月禁西僧馳驛擾民

秋七月帝還大都

河決陽武

壞民居萬六千五百餘家

丁卯 四年

春正月御史臺臣請親祀

郊廟不允

帝如上都

夏四月盜竊武宗神主

旱蝗民饑

秋八月山崩地震

通渭縣山崩碉門地震有聲如雷晝晦天全道山崩飛石斃人鳳翔興元成都峽州江陵同日地震

閏月帝還大都

冬十二月蔡公張珪卒

戊辰 致和元年文宗皇帝圖帖睦爾天曆元年

春二月帝如上都命僉樞密院燕帖木兒等居守

秋七月寧夏地震

帝崩於上都

八月簽樞密院事燕帖木

徙懷王圖帖睦爾於江陵

張珪卒

帝崩文宗不爲立廟謚世止稱爲泰定帝　王褘曰武宗以兄弟相及約繼世子孫迭居大位而仁宗惑於鐵木迭兒之言不守宿諾傳位英宗乃使武宗二子明宗文宗出居於外及英宗遇弑而明宗在北文宗在南晉邸乘間入繼大統或謂晉邸非所宜立雖然晉王於世祖孫也於次爲長雖守藩服嘗有盟書今而國統之弗繼則求所當立者舍晉王之系將誰屬耶然則謂晉邸非所宜立者亦過也舊傳英宗之弑晉邸與聞焉故其沒不舉請謚升祔之典明其爲賊也然考之實錄皆不得其實傳聞之訛烏可信哉

兒謀逆執中書省御史臺臣烏伯都剌等下之獄遂遣使迎懷王圖帖睦兒於江陵

燕帖木兒以身受武宗寵拔之恩欲迎其二子周王和世㻋懷王圖帖睦兒而立之不思泰定元年阿速吉八已立為皇太子則是神器有屬而非倉卒無繼者之比今而泰定既崩太子當立禮之正也燕帖木兒不顧大義棄太子而迎立懷王背國法而射厚利其罪可勝誅哉

皇太子阿速吉八即位於上都遣梁王王禪右丞相塔失帖木兒將兵分道討燕帖木兒

諸王滿禿等謀叛附於燕帖木兒伏誅

元文宗天曆元年

懷王圖帖睦爾入京師
九月圖帖睦爾殺平章政事烏伯都剌流左丞朵朵等於遠州
圖帖睦爾襲帝位
冬十月圖帖睦爾兵陷上都梁王王禪遁走遼王脫脫死之
圖帖睦爾告祭郊廟
十一月圖帖睦爾還泰定

諸王也先帖木兒等兵由遼東入遷民鎮
梁王王禪等兵入居庸關與燕帖木兒戰不利
靖安王闊不花等兵破潼關河南大震
諸王也先帖木兒等兵破通州遂趨京師
燕帖木兒拒之引還
諸王忽剌台等兵入紫荊關

皇后弘吉剌氏於東安州

遣使迎周王和世㻋於漠北

圖帖睦爾殺梁王王禪及左丞相倒剌沙等

己巳

天曆二年

春正月周王和世㻋稱帝於和寧之北

周王和世㻋與懷王圖帖睦爾皆武宗之子而周王兄也懷王弟也周王蓋嘗欲正名分而不得逃居漠北而懷王遣使迎之其義得矣今也周王急於得國稱帝中道果何義哉

元文宗天曆二年

按綱目凡正統之年歲下大書而僭國之與簒位者則分註細書之此所謂正統於天而人道定矣然通鑑於天曆二年皆大書綱目則斥而細書之不予其爲正統也漢之呂后王莽唐之武后其義亦然

二月圖帖睦爾立其妃弘吉剌氏爲皇后

追尊周王母亦乞烈氏母唐兀氏並爲皇后

三月圖帖睦爾遣燕帖木兒奉皇帝寶赴漠北

夏四月周王以燕帖木兒爲太師

周王遣使立圖帖睦爾爲太子

秋七月

太白經天

唐太宗殺建成元吉而太白見秦分圖帖睦爾殺周王而太白經天變不虛生信哉

秋八月丙戌周王次旺忽察都圖帖睦爾入見庚寅王暴卒

初武宗傳位于其弟仁宗約以次傳之和世㻋仁宗崩奸相鐵木迭兒固位取寵議立仁宗子英宗封和世㻋爲周王出鎮雲南世㻋謀逆不成逃亡漠北封武宗次子圖帖睦爾爲懷王出鎮海南後徙江陵泰定崩丞相燕帖木兒

西臺御史中丞張養浩卒

關中之民如失父母至順間追贈平章政事濱國公謚文忠

元文宗天曆二年

謀逆迎圖帖睦爾襲位圖帖睦爾詭辭遣使迎明宗明宗即位于和寧遣使立圖帖睦爾爲太子明宗次于旺忽察都圖帖睦爾入見明宗暴崩圖帖睦爾襲位

圖帖睦爾以伯顏爲左丞相欽察台阿兒思蘭海牙趙世延並爲平章政事

圖帖睦爾復襲位於上都大赦

建龍翔集慶寺於建康

詔修經世大典

冬十月徵故中書省臣朵朵王士熙等十二人於貶所放歸里

十二月以西僧輦真吃剌

思爲帝

自東漢以來奉佛之篤莫如梁武帝元文宗然而梁祚之不長元運之不永是佛之不靈也明矣

文宗皇帝

名圖帖睦爾武宗次子周王世瑓之弟在位三年壽二十九

庚午 至順元年

春二月立明宗子懿璘質班爲鄜王

宋太祖篡周之國則命子孫世襲崇義公元文宗篡兄之位封其子爲鄜王是皆其真情難掩者故綱目特書于策所以予其能悔耳

以伯顏知樞密院事罷置左丞相

帝以燕帖木兒有大功欲獨相以尊異之也

三月

夏四月皇后弘吉剌氏殺明宗皇后八不沙

文宗殺其兄皇后殺其嫂文宗夫妻豈不忍心害理者乎

五月帝如上都

以亦列赤爲平章政事

殺知樞密院闊徹伯脫脫木兒等十二人籍其家

秋閏七月詔加孔子父母及顏回曾參孔伋孟軻程顥程頤封爵

雲南諸王禿堅反遣豫王阿剌忒納失里督諸將討之

雲南宣慰使祿余等叛附於禿堅詔遣諸王雲都思帖木兒會諸路兵進討之

秋八月帝還大都
始親祀南郊
冬十二月詔以董仲舒從
祀孔子廟
立燕王阿剌忒納答剌
爲太子

辛未 二年
春正月太子阿剌忒納答
剌卒
以伯撒里爲平章政事
浙西水旱諸路飢民八十萬餘戶
夏四月武陟地震逾月不止
五月帝如上都
六月翰林學士吳澄卒

阿剌忒納失里等略
定雲南引兵還

吳澄卒

泰定間謝病歸臨川卒贈臨川郡公謚文正

秋七月封伯顏爲浚寧王

八月朔日食

帝還大都

江浙水壞田十八萬八千七百三十八頃

詔皇子古剌答納出居燕帖木兒家

更名燕帖古思

十一月朔日食

詔養燕帖木兒子塔剌海爲子

賜居第貲產

壬申 三年

夏四月

諸王月魯帖木兒謀

五月帝如上都

六月錄用朵朵王士熙脫歡等

秋八月京師隴西地震

帝崩于上都 廟號文宗國語稱曰札牙篤皇帝

九月地震

冬十月鄜王懿璘質班即位 王明宗第二子留居京師帝崩燕帖木兒請皇后立皇子燕帖古思后不從命立王時年甫七歲

以撒迪爲平章政事

十一月尊皇后爲皇太后

反伏誅 安西王阿難答之子

鄜王薨
廟號寧宗王禕曰寧宗之立雖母后權臣利於立幼抑文宗顧命舍其子而立兄子是不可謂非公天下之心也然終不足以掩其弒兄之惡人心天理吁可畏哉

太后遣右丞闊里吉思迎妥懽帖睦爾於靜江
初太祖取西北諸國阿兒斯蘭率衆來降乃封為郡王明宗居沙漠納其裔孫納罕祿魯氏女曰邁來的生妥懽帖睦爾至順初明宗后遇害遂徙之高麗居大青島中尋詔天下言明宗在時素謂非其子移于廣西之靜江鄜王薨燕帖木兒復請燕帖古思皇太后曰吾子尚幼妥懽帖睦爾在廣西今年十三歲且明宗長子當立往迎之觀此則帝之立后立之也後帝削后之爵而置之死地何耶

元順帝元統元年

癸酉 四年 順帝元統元年

順帝名妥懽帖睦兒明宗長子在位三十六年壽五十一

春三月燕帖木兒死

夏五月京師地震

六月妥懽睦爾卽位於上都

初燕帖木兒議猶未決故至京師久不得立至燕帖木兒死后與大臣立之

以伯顔爲太師右丞相

撒敦爲太傅左丞相

大霖雨

燕帖木兒死

燕帖木兒自秉權以來肆行無忌一宴或宰十三馬取秦定后爲夫人前後尚宗室女四十人有交禮三日遽遣歸者後房充斥不能盡識

京畿平地水丈餘飢民四十餘萬

江淮旱饑

秋八月立皇后伯牙吾氏（燕帖木兒之女）

奎章閣侍書學士虞集謝病歸（歸臨川）

虞集歸

冬十月封撒敦爲榮王

唐其勢襲封太平王

十一月封伯顏爲秦王是日秦州山崩地裂（伯顏封秦王即日山崩地裂伯顏之穢惡著矣）

甲戌　元統二年

春正月汴梁雨血（著衣皆赤）

阿卜海牙罷以脫別台

爲平章政事

三月天雨毛

彰德路天雨毛如線而綠民謠曰天雨線民起怨中原地事必變

水旱疫民飢

夏四月朔日食

錄許衡後

帝如上都

秋八月赦是日京師地震

雞鳴山崩

嗚呼人君卽位之初而災變之多未有感于順帝也雖欲不亡得乎

帝還大都

冬十月始以真哥皇后配

饗武宗
時議三朝皇后升祔未決伯顏以問太常博士逯魯曾曰先朝既以真哥皇后無子不為立主今所當立者明宗母邪文宗母邪對曰真哥皇后在武宗朝已膺寶冊則文明二母皆妾今以無子之故不得立主而以妾母為正是為臣而廢其先君之母為子而私尊其先父之妾豈可復蹈慕容垂之失乎集賢學士陳顥素疾魯曾乃曰唐太宗冊曹王明母為后亦二后也奚為不可魯曾曰堯母帝嚳庶妃堯未嘗以配嚳不法堯舜而法唐太宗耶衆服其議而伯顏亦是之遂以真哥皇后配武宗

乙亥　至元元年

夏五月帝如上京

秋七月伯顏弒皇后伯牙

吾氏
冬十一月以阿吉剌爲平
章政事
詔改元
帝以世祖皇帝在位長久詔改元統三年仍爲至元元年
十二月尊皇太后爲太皇
太后
河決封邱

丙子 二年
春二月追尊生母邁來的
爲皇后
夏四月以帖木兒不花爲
平章政事
帝如上都
秋九月帝還大都

是年水旱蝗饑

丁丑 三年

春正月帝畋於柳林

三月立皇后弘吉剌氏

夏四月帝如上都

彗星見

凡六十三日自昴房歷一十五宿而滅

秋七月武陟蝗

八月京師地屢震

凡六日方止所損人物甚衆

廣東朱光卿河南棒胡兵起

光卿增城人稱大金國改號赤符棒胡陳州人反于信陽州

西番亂

殺鎮西王黨尤班尋蔓延至二百餘處

冬十月金華處士許謙卒

謙受業金履祥之門世稱爲白雲先生卒諡文懿

十二月以馬札兒台爲太保分樞密院鎮北邊

馬扎兒台伯顏弟

伯顏殺五姓漢人不許

請殺張王劉李趙五姓漢人不許

戊寅 四年

夏四月以探馬赤只兒瓦歹爲平章政事

帝如上都

六月

許謙卒

漳州袁州兵起

漳州南勝縣民李志甫聚衆圍州城袁州人周子旺亦舉兵稱周王

秋八月朔日食
京師地震日二三次十日乃止
帝還大都

己卯
五年
夏四月帝如上都
六月汀州大水平地水深三丈
秋八月帝還大都
冬十一月盜殺河南平章政事月魯帖木兒尋捕誅之杞縣人范孟謀不軌詐為詔使至河南殺之
詔以伯顏為大丞相
伯顏矯詔殺郯王徹徹篤

殺郯王徹徹篤貶宣讓王帖木兒不花威順寬徹普化

庚辰六年

春二月伯顏有罪竄南恩州道卒

以馬札兒台爲太師右丞相塔失海牙爲太傅知樞密院事探馬赤爲太保御史大夫汪家奴爲平章政事脫脫知樞密院

京畿大水

賜馬扎兒台爵忠王固辭許之

夏五月帝如上都

此伯顏殺之敗之也伯顏既弑母后又殺諸王其窮兇極惡可畏也哉

六月詔廢文宗廟主遷太皇太后弘吉剌氏於東安州尋崩放燕帖古思於高麗殺諸途

文宗雖有殺兄之嫌然而舍子立姪不可謂非公議也帝乃明宗之子文宗之姪以分以名安得而行是舉乎

秋八月帝還大都

冬十月馬扎兒台罷以脫脫爲右丞相鐵木兒不花爲左丞相

辛巳 至正元年

夏四月帝如上都

以鐵木兒塔失爲平章政事

元順帝至正元年

秋八月帝還大都

冬湖廣燕南山東兵起湖廣道州民蔣丙等舉兵尋稱順天王燕南山東寇盜亦縱橫至三百餘處

大饑

壬午 二年

春正月開金口河

三月大同饑人相食

夏四月帝如上都

秋八月朔日食

九月帝還大都

冬十月朔日食

十二月京師地震

癸未 三年

春正月

二月鞏昌山崩

泰州成紀寧遠伏羌等處山崩水涌人多溺死

三月詔修遼金宋三史

夏四月朔日食

帝如上都

秋七月汴梁大水

八月帝還大都

冬十月親祀太廟

十二月以別兒怯不花爲左丞相鐵木兒不花罷

徵清江處士杜本不至

遼陽吾者野人作亂

爲捕海東青煩擾吾者野人及水達達皆叛

甲申 四年

春正月河決曹州
夏四月帝如上都
五月脫脫罷以阿魯圖爲右丞相
秋七月温州地震海溢
八月帝還大都
九月朔日食

乙酉 五年

春正月薊州地震
夏四月帝如上都
五月

翰林學士承旨巙巙卒

巙巙直道匡君略無避諱誠元室之良臣也

秋七月河決濟陰
八月帝還大都
九月朔日食
遣使巡行天下

丙戌
六年
春二月朔日食
山東地震
夏四月帝如上都
五月陝西饑
盜竊太廟神主
六月
秋七月以朵兒直班爲右丞
八月帝還大都
冬十二月

雲南夷死可伐作亂
靖州猺吳天保作亂

是歲河決

阿魯圖罷

丁亥 七年

春正月朔日食

以蓋苗爲參知政事

以宦者伯帖木兒爲司徒

二月山東地震壞城郭有聲如雷三月東平又震河水動搖

夏四月以別兒怯不花爲右丞相以鐵木兒塔識爲左丞相別兒怯不花尋罷

河東大旱

帝如上都

六月放太師馬扎兒台于西寧 別兒怯不花譖之也因御史亦憐真班諫遂召還至甘肅卒

秋九月帝還大都

鐵木兒塔識卒

冬十月

十一月以朵兒只爲右丞相太平爲左丞相 太平漢人

沿江兵起

戊子 八年

春三月帝臨國子學

帝如上都

夏五月霖雨山崩江溢

秋七月朔日食

八月帝還大都

奎章閣侍書學士致仕
虞集卒
集學問該博事君忠直謚文靖
冬十月
十一月台州方國珍兵起
國珍台州黃巖人

己丑
九年
夏四月帝如上都
襄陽童子暴長
秋七月朶兒只太平並罷
以脫脫爲右丞相
冬十月命皇子愛猷識理
達臘習漢人文字
十一月朔日食

虞集卒

吳天保寇全道州

庚寅
十年
夏四月帝如上都
六月有星入於北斗
秋八月帝還大都
冬十一月朔日食

辛卯
十一年
夏四月詔修河防以賈魯爲總治河防使
宋濂曰議者謂天下之亂皆由賈魯治河之役而不知元之所以亂由來久矣
冀晉地震半月乃止
帝如上都
五月朔日食

羅田徐壽輝等兵起
徐壽輝羅田人與倪

潁川劉福通蕭縣李二等兵起

六月江浙行省左丞孛

文俊鄒普勝等聚衆舉兵以紅巾爲號攻陷蘄水縣及黃州路

先是盜竊蜂起及發丁夫開河民益愁怨思亂有韓山童樂城人自其祖父以白蓮會燒香惑衆誘徙永平至山童倡言天下大亂彌勒佛下生河南及江淮愚民翕然從之劉福通與杜遵道等復詭言山童寶宋徽宗八世孫當爲中國主乃誓告天地遂同起兵以紅巾爲號縣官捕之急山童就擒其妻楊氏子林兒遷之武安惟劉福通不可制李二攻陷徐州據之

羅帖木兒擊方國珍兵敗被執

秋七月遣大司農達識帖木兒招降之授方國珍兄弟官有差

八月帝還大都

詔知樞密院事也先帖木兒督兵擊劉福通

冬十月饒信等路雨黍

徐壽輝稱帝于蘄水壽輝據蘄水爲都國號天完自稱皇帝改元治平以鄒普勝爲太師○壽輝井蛙之見耳方蝸起草茅遽

十一月有星孛於西方

壬辰十二年

春正月

三月隴西地震

命各行省分兵擊諸路起兵者

爾稱尊其器可知

徐壽輝兵破漢陽諸郡威順王寬徹普化等棄城走二月破江州總管李黼死之

徐壽輝兵破袁瑞饒信徽等州

破吉安路

夏四月朔日食
帝如上都
五月徙瀛國公子趙完普等於沙州
以諸處羣盜輒引亡宋故號爲口實故徙之
六月大名路旱蝗
秋七月
八月右丞相脫脫將諸軍擊李二於徐州大破之屠其城
帝還大都
九月以余闕爲淮西宣慰副使守安慶
冬十月霍山崩

徐壽輝兵襲杭州

前三日山如雷鳴

癸巳

十三年

春正月以哈麻爲右丞相

夏四月帝如上都

五月

六月立子愛猷識里達臘爲皇太子

秋九月朔日食

泰州張士誠兵起據高郵自稱誠王知府李齊死之（士誠白駒塲亭民及其弟士德士信陷泰州尋據高郵稱誠王國號大周建元天祐）

命淮南平章政事福壽擊張士誠

元順帝至正十四年

帝還大都

冬十月以方國珍爲徽州路治中不受命

十二月

甲午 十四年

哈麻進西番僧於帝 順帝之所以荒淫無度者實哈麻有以啓之也

大同疫 人死者大半

大都無雲而雷

江浙平章政事卜顏帖木兒等會兵擊徐壽輝於蘄水大破之

春正月汴河冰五色花草如繪畫三日乃解

二月遣吏部侍郎貢師泰和糴於浙西京師食不足也

三月朔日食

夏四月江西湖廣大饑帝如上都

六月

秋八月帝還大都

九月

冬十二月以定住爲左

張士誠攻揚州

命脫脫丞相督諸軍擊張士誠

丞相瑣南班哈麻並爲平章政事

詔削脫脫官爵安置淮安以泰不花等代總其軍脫脫出師以後哈麻嗾御史袁賽誣之也

詔威順王寬徹普化還鎮湖廣王初以武昌被陷奪其印至是以討賊有功還其印

大都大饑疫民有父子相食者

帝製龍舟於內苑

己未

十五年

春正月以黑廝爲平章政事

徐壽輝遣其將倪文煥復破沔陽

元順帝至正十五年

教授鄭暄請正國俗
不報
遣兵分戍河南諸路
二月
以達識帖睦爾爲平
章政事

劉福通以韓
林兒稱宋帝

劉福通等自碭山夾河迎林兒至立爲皇帝又號小明王建都亳州國號宋改元龍鳳以其母楊氏爲皇太后杜遵道盛文郁爲丞相福通羅文素爲平章拆鹿邑縣太清宮材建宮殿遵道等各遣子入侍福通疾遵道專權令甲十撾殺之遂自爲丞相

三月竄脫脫於雲南
薊州雨血
帝如上都
夏四月以定住爲右丞相哈麻爲左丞相桑哥失里爲平章政事雪雪爲御史大夫
哈麻爲相雪雪爲御史大夫國家大柄盡歸其兄弟矣
五月詔削泰不花官爵命答失八都魯總其兵
六月

		濠州朱元璋起兵自和陽渡江取太平
徐壽輝兵破襄陽	倪文俊復破中興路元帥朵兒只班死之	

元順帝至正十五年

路

元璋先世家沛徙句容再徙泗州父世珍始徙濠之鍾離生陳氏元璋母而姿貌雄傑志意廓然年十七父母相繼歿無所依乃入皇覺寺爲僧至正十二年從郭子興於濠州子興奇之留爲親兵戰輒勝便有安天下救生民之志乃收納英賢置之左右遂起兵攻滁州下之明年又下和陽謀渡江取金陵患無舟棏而巢湖水軍帥俞通海率衆來降遂率徐達湯和李善長常遇春等引

秋七月遣使招諭諸起兵者以達識帖睦邇爲江浙行省左丞相
冬十一月
十二月哈麻矯詔殺右丞相脫脫

荊州大水

丙申 十六年
春正月哈麻雪雪有罪

舟東下首克牛渚磯進攻太平拔之

答失八都魯擊宋劉福通軍破之十二月遂圍亳福通以其主韓林兒走安豐

元順帝至正十六年

伏誅
薊州地震
二月
三月
方國珍降於元是月
有兩日相盪
夏四月以搠思監爲左
丞相
六月彰德李實如黄瓜
秋七月

天完徐壽輝據漢陽		朱元璋帥師克金陵改集慶路爲順天府	
	張士誠入平江據之		張士誠遣兵破杭州元江浙丞相達識帖睦邇遁平章左答納失里戰死

冬十月星隕大名化爲石從東南流芒尾如曳篲墜地有聲化爲石青黑色形如狗頭其斷處若新劃者

丁酉　十七年

春正月朔日食

二月

三月

十月	正月	二月	三月
			朱元璋兵克常州
		宋將李武崔德破商州元察罕帖木兒與李思齊擊之	宋將毛貴攻破膠萊諸州元遣不蘭奚等將兵擊之

夏五月以搠思監爲右丞相太平爲左丞相 六月有龍鬬於樂清江 秋七月元大都晝霧自旦至午昏暝不辨人物如是者旬有五日	八月	九月
朱元璋取寧國等路	朱元璋取揚州	
		天完將陳友諒襲殺倪文俊 友諒沔陽漁人子嘗爲縣吏不樂會壽輝文俊兵起往從之爲文俊簿書掾尋亦領兵爲元帥及文俊謀殺壽輝不
	張士誠降於元元以爲太尉	
	劉福通攻汴梁遂分兵略地於山東西	

冬十月

十一月汾州桃杏有花

十二月

河南大饑

太尉答失八都魯卒以其子孛羅帖木兒爲河南平章政事領其軍

詔天下團結義兵

果奔黃州友諒乘釁殺之遂并其軍自稱平章

天完將明玉珍據成都

玉珍隨州人初聞徐壽輝兵起乃集鄉兵屯於青山結柵自固未幾降於壽輝及倪文俊昭川蜀令玉珍守之至是文俊死玉珍遂自據

宋將白不信等破與元遂圍鳳翔元察罕帖木兒等合兵擊走之

翰林學士承旨陽歐

玄卒

戊戌十八年

春正月陳友諒破安慶

淮南行省左丞相余

闕死之

闕獨守孤城踰六年小大二百餘戰戰必勝至是陳友諒及饒寇四面蟻集雖不幸城陷以死而其忠精之氣固自若也然闕死於君而能使妻死於夫子死於父忠孝貞節萃於一門較之晉卞壼又似過之矣於戲闕其人豪也哉贈平章政事追封豳國公謚忠宣

三月

大同路夜聞空中有

成都蜀中郡縣皆附之

天完將陳友諒破安慶元淮南行省左丞余闕死之

宋毛貴破濟南路元河南

聲

有雲如火交射中天空中如有兵戈之聲

夏五月削右丞相泰不花官爵尋殺之以知行樞密院悟良哈台代總其軍

山東地裂

六月朔日食

冬十一月左丞相搠思監有罪免以紐的該爲左丞相

朱元璋兵取建德路

行省右丞董摶霄與戰死之

田豐破濟寧

毛貴破薊州

劉福通破汴梁奉其主韓林兒居之

宋將關先生破遼州遂大掠塞外諸郡

十二月朔日食

宋關先生兵破上都焚宮闕

此即項羽之焚咸陽也嗚呼項羽焚咸陽而秦鹿爲漢高祖所得關先生焚上都而元鼎爲明太祖所移然則取天下者果以暴而不以仁耶

京師大饑疫死者凡二十餘萬人

太白經天

朱元璋取婺州

帝王之興其施爲與氣象自與常人不同是時兵取南伐明遂明定婺州而撫建太祖延與學黎校接羣士闡儒明其施文巳異爲人於常遠矣

宋將關先生兵破上都焚宮闕

己亥 十九年

春二月詔孛羅帖木兒移鎮大同

三月元方國珍遣使以温台慶元三郡附於朱元璋

夏四月

五月大蝗

六月

		天完將陳友諒攻信州元江東廉訪使伯顏不花的斤往救死之
	趙均用殺宋毛貴其黨續繼祖執均用殺之	

秋八月

九月

朱元璋兵取衢處州

初明太祖克婺州置分中書省召儒士許元葉瓚王胡翰汪仲山李公常金信徐孳童冀吳履張啓謙孫履皆會食省中日令二人進講經史數陳治道至是克處州又有薦青田劉基龍泉章溢麗水葉琛及宋濂者卽遣使以書幣徵之至建

元察罕帖木兒克汴梁劉福通以其主韓林兒復走安豐

冬十一月授方國珍江浙行省平章政事
大都有杜鵑
十二月太子殺左丞成遵參知政事趙中

庚子
二十年是歲天完亡凡二國
春正月紐的該卒
二月太平罷
三月彗星見東方

康創禮賢館處之時朱文忠守金華復薦王禕王天錫至皆用之

元徵海運糧於張士誠

天完將陳友諒徙其主徐壽輝都江州自稱漢王

復以搠思監爲右丞相
夏五月朔日食
秋九月孛羅帖木兒引兵攻冀寧察罕帖木兒調兵拒之詔遣使和解之
冬十二月陽翟王阿魯輝帖木兒舉兵於北邊遣知樞密院事禿堅帖木兒將兵討之

漢王陳友諒殺其主徐壽輝遂自稱帝建國曰漢號大義

辛丑 二十一年

夏四月朔日食

秋八月

九月阿魯輝帖木兒伏誅

冬十月以察罕帖木兒爲平章政事

朱元璋帥師伐漢拔江州漢王友諒走武昌

朱元璋遂至龍興建昌王溥饒州吳宏袁州歐普祥各率衆來見寧州陳龍及吉安縣孫本立曾萬中皆來降乃改龍興路爲洪都府

朱元璋帥師伐漢陳友諒走武昌

明玉珍破東川郡縣

十一月黃河清

宋徽書河清元成書河清順帝書河清其爲不祥也審矣

大饑

壬寅 二十二年

春二月彗星見

三月

夏六月彗出紫微垣田

明玉珍破雲南自稱隴蜀王

初玉珍聞陳友諒弑徐壽輝謀欲討之乃整兵守夔關不與相通復立廟以祀壽輝至是遂自稱隴蜀王

豐殺平章政事察罕帖木兒詔以其子擴廓帖木兒代總其兵

冬十一月擴廓帖木兒拔益都執田豐等斬之

十二月立塔思帖木兒爲高麗王遣兵送之國高麗以兵拒之大敗而還

初皇后奇氏宗族在高麗者恃寵驕橫爲國王伯顏帖木兒所殺元主入后之譖遂廢伯顏帖木兒而立其昆弟塔思帖木兒國人不服故拒之

癸卯 二十三年 是歲幷宋漢凡四國

元順帝至正二十三年

春正月

二月

三月彗見東方

宋關先生餘黨復攻上都孛羅帖木兒擊降之

夏六月孛羅帖木兒遣竹貞襲據陝西擴廓帖木兒與李思齊合

張士誠將呂珍入安豐殺宋劉福通等據其城朱元璋率兵擊走之

明玉珍稱帝於成都 建國曰夏號天統

兵攻貞降之

秋七月

冬十月山東赤氣千里

十一月殺太傅太平

甲辰　二十四年　是歲漢亡

春正月

三月削孛羅帖木兒官爵不受命詔擴廓帖木兒討之

漢主友諒圍洪都朱元璋帥諸將討之大戰於鄱陽湖友諒敗死	朱元璋建國號曰吳二月自將伐漢漢
友諒死子理立	漢主理立改元德壽是歲亡
張士誠自稱吳王元遣使徵糧不與	

夏四月孛羅帖木兒舉兵犯闕殺右丞相搠思監太子出奔
五月太子還宮遣兵攻大同孛羅帖木兒復舉兵犯闕太子率師拒之不利復出奔詔以孛羅帖木兒爲右

主陳理降湖廣江西悉平
時李善長徐達等以吳王功德日隆屢表勸進不允乃於是月朔即吳王位以李善長爲右相國徐達爲左相國常遇春俞通海爲平章政事

漢主陳理降吳

丞相
秋八月朔日食

張士誠逐達識帖睦邇以其弟士信爲江浙左丞相御史大夫普化帖睦邇不屈死

乙巳
二十五年
春二月日旁有一月一星
三月太子大發兵討孛羅帖木兒孛羅帖木兒幽二皇后奇氏調兵拒戰大敗
夏五月大都雨氂

長尺許或曰龍鬚也命拾而祀之

六月太子加李思齊平章政事邠國公

秋七月孛羅帖木兒伏誅皇后弘吉剌氏崩

九月太子還大都

以方國珍為淮南左丞相

冬閏十月封擴廓帖木兒為河南王總制諸道軍馬

十二月元立奇氏為皇后

改奇氏為肅良哈氏

丙午 二十六年 是歲宋亡

春二月黃河北徙

先是河決小流口達於清河至是復北徙自東明曹濮下及濟寧民皆被害

擴廓帖木兒調張良弼等兵不應遂遣兵西擊良弼李思齊等與良弼連兵拒之

嗚呼欲知國事之興廢當觀人心之從違是故有一代興王之君則人心協和而雲龍風虎之相從亡國之君人心懈怠而薰蕕冰炭之相反此固理勢之必然也觀擴廓調兵不應則可以見人心既失大命隨亡而不復可以有為明矣故謹書之以為後世鑒于時元之天下三分無一雖有其位蓋亦寄生

而已夫何擴廓㒰弼等舉無憂國之心動有懷私之忿其有愧于廉藺多矣

三月

夏四月

五月

秋七月朔日食

八月以陳有定爲福建行省平章政事

九月以方國珍爲江浙行省左丞相 其弟國瑛國珉姪明

吳王朱元璋取淮安諸路

吳王求遺書

吳王取湖州諸路

夏主明玉珍卒子昇立 玉珍自建號至是凡五年子昇始十歲改號開熙母彭氏同聽政

善並爲平章政事 有星孛於東北 冬十二月	吳王立宗廟社稷
	宋主韓林兒卒
丁未 二十七年 是歲張士誠亡 春正月絳州天鼓鳴 其聲如空中戰鬬者大變也 三月 秋八月詔太子總制天下軍馬置大撫軍院 初太子之奔太原也欲援唐肅宗靈武故事自立擴廓不從及還京奇后遣人諭擴廓以重兵擁太子入城脅帝禪位擴廓遂知其意未至京	吳王定文武取士之法

城三十里卽撤遣其軍故太子深銜之

九月

冬十月罷擴廓帖木兒官奪其軍命諸將分統之

	吳王克平江執張士誠以歸	吳王命大將軍徐達等帥師北定中原 吳王定律令 十一月頒戊申曆 吳王兵討方國珍降之 國珍初降約於杭城下卽納地來朝吳王旣克杭州國珍據境自若且北通擴廓南交陳友定圖爲犄角

元順帝至正二十七年

吳王以書責之不報遂遣湯和等進攻溫台慶元國珍懼遁入海島復命廖永忠自海道會和討之乃遣子明完奉表乞降既而及其弟國珉親帥所部謁和於軍門和送國珍於建康時福州路皆爲陳友定所據湯和遂由海道經取福州

吳王兵徇山東郡縣皆下之

歷代統紀表卷之十二

歷代統紀表卷之十三

偃師段長基述　孫鼎鑰 鼎鈞校刊

戊申 元順帝至正二十八年○明太祖高皇帝洪武元年

是歲閏七月元帝出奔

春正月吳相國李善長等尊吳王朱元璋爲皇帝國號明

元璋自二十四年立爲吳王建百官遂降陳理執張士誠走方國珍盡有淮南浙東江西荊蠻地二十七年諸將北定中原善長帥百官勸進乃以是年春正月乙亥卽皇帝位建元洪武

明追尊祖考爲皇帝

高祖考曰元皇帝廟號德祖曾祖考曰恆皇帝廟號懿祖

祖考曰裕皇帝廟號熙祖
皇考曰淳皇帝廟號仁祖

明立妃馬氏爲皇后世子標爲皇太子

后郭子興撫女
標后長子

明以李善長爲左丞相徐達爲右丞相

善長定遠人上略滁陽公謁道旁留幕下謀議軍機徐達鳳陽人幼倜儻心雄有智略年二十二從上起兵

夏四月明征虜將軍徐達常遇春大破元兵于洛水北元梁王阿魯溫以河南降

常遇春懷遠人性剛直膂力過人乙未歸帝

明征虜將軍湯和克福建元平章陳友定死之

明征南將軍廖永忠取廣東

永忠巢人永安之弟智勇過人乙未來歸

都督馮勝克潼關

勝初名國勝國用之弟丙午兄弟同謁太祖于妙山從克滁和

六月

秋閏七月明師克通州元帝奔上都八月徐達入元都元監國淮王帖木兒不花死之

徐達常遇春會諸將于臨清率馬步舟師進克元都元主集三宮后妃及皇太子同議避兵北行詔淮王帖木兒不花監國慶童爲左丞相同守京城夜半開建德門出居庸關北奔達陳兵齊化門將士填濠登城入淮王及左丞相慶童平章迭兒必失朴賽因不花右丞相張康伯御史中丞滿川等不降殺之達封府庫及圖籍令指揮張勝以兵千人守宮殿門使宦者護視宮人妃主禁士卒毋侵暴捷閭

平章楊璟克廣西

江西行省參政陶安卒

安字主敬當塗人少敏悟有大志至是卒追封姑孰郡公

王禕曰自古國家滅亡之道不一女寵宦官權臣强藩此四者皆足以亡國而順帝兼而有之加以權綱既弛智慮益荒其亡也宜哉

以應天爲南京開封爲北京始建六部

冬十一月遣使訪求賢才

十二月徐達克太原元擴廓帖木兒走甘肅山西平

己酉

明太祖高皇帝洪武二年

春正月立功臣廟

以徐達爲首次常遇春次李文忠鄧愈湯和沐英胡大海馮國用趙德勝耿再成華高丁德興俞通海張德勝吳良吳楨曹良臣康茂才吳復茅成孫興祖凡二十一人立廟

同姓王

異姓侯王

異國

明高皇帝洪武二年

雞鳴山下死者像祀生者虛位

二月詔修元史

大都既克得元十三朝實錄乃以李善長宋濂王禕等修元史

夏四月命博士孔克仁授諸子經

五月

六月常遇春克開平元帝奔和林

秋七月征虜副將軍鄂國公常遇春卒于軍詔李文忠領其衆

御史中丞章溢卒

溢字三益龍泉人初應聘與劉基葉琛宋濂同至應天帝稱之曰四先生

常遇春卒

八月

九月置中都以臨濠為中都營城闕宮殿如京師制

冬十月詔天下府州縣皆立學

庚戌三年

春正月遣徐達李文忠分道北伐時元主尚在近塞擴廓犯蘭州帝以達自潼關出西道擣定西取擴廓文忠自居庸關出東道絕大漠追元主

二月追封郭子興為滁陽王

郭子興封滁陽王子興其先曹州人父贄定遠生子興兄弟三人富有力豪淮西妖人起子興散家財結賓客與孫德崖等稱元帥據濠梁

封王顓為高麗國王

夏四月封子九人爲王

徐達大破元擴廓帖木兒于沈兒峪

元帝殂于應昌子愛猷識里達臘立

元帝駐應昌二年殂壽五十一在位三十六年太尉完者等奉梓宮北葬謚曰惠宗太祖以帝知順天命退避而去特加號曰順帝

五月始設科取士

李文忠克應昌獲元買的里八剌送京師

文忠聞元主卒督兵兼程進圍應昌元嗣君愛猷識里達

封樉王秦棡王晉棣王燕橚王吳楨王楚榑王齊梓王潭杞王趙檀王魯從孫守謙王靖江橚後改王周

臘北走獲其子買的里八剌及后妃諸王官屬數百窮追至北慶州而還

六月封買的里八剌爲崇禮侯

立開中鹽法

山西行省請令商人于大同倉入米一石太原倉入米一石三斗給淮鹽一小引商人鬻畢即以原引赴所在繳之

冬十一月大封功臣

辛亥 四年

春正月李善長罷以汪廣洋爲右丞相胡惟庸爲左丞相

廣洋高郵人字朝宗少從余闕學游太平乙未帝渡江召見留爲幕下元帥府令史

以湯和傅友德帥師伐夏

夏六月

秋七月封明昇爲歸義侯

壬子 五年

春正月遣翰林院待制王禕使雲南被執不屈死

元梁王把匝剌瓦爾密鎮雲南大都不守元帝北去而王猶執臣節如故歲遣使自塞外達元帝行在使者蘇威適爲北平守將所獲乃命禕齎詔偕威往諭王王待禕以禮適元主遣脫脫徵餉雲南知禕在王所脅以危語王不得

以湯和傅友德帥師伐夏明昇降

和鳳陽人儻饒智略友德宿人初從明玉珍不得志走從陳友諒辛丑率衆來歸

已出禕見之脫脫欲屈禕禕不屈遂自刎禕字子克義烏人師事黃溍子紳于洪武二十年走雲南求父遺骸不得述滇南慟哭記

徙陳理明昇于高麗

遣徐達馮勝分道征擴廓帖木兒達軍敗績勝敗元兵而還

二月

冬十二月詔百官奏事啓皇太子

癸丑 六年

春正月汪廣洋罷

安南陳叔明弒其主日煃而自立遣使入貢却之

高麗國王遣子弟入國子學

三月
時左丞相胡惟庸專省中事汪廣洋無所建白故罷之

秋七月以胡惟庸爲中書右丞相

九月詔正文體

復以魏觀知蘇州府
政化大行課績爲天下最因部民乞留命還任

甲寅七年

春正月

二月修曲阜孔子廟

三月

秋九月遣崇禮侯買的里八剌北歸

遣總兵官吳禎巡海備倭

方國珍卒
國珍自至正二十七年來降幕下士詹鼎爲書辭乞哀甚至帝憐赦之至是卒

高麗李仁任弒其主王顓立子禑

顓無子以寵臣辛旽之子禑爲嗣于是仁任立禑

乙卯　八年

春正月詔天下立社學

三月

賜德慶侯廖永忠死

坐僭後失人臣禮

夏四月罷營中都

帝初欲如周漢制建兩京至以勞費罷其役

誠意伯劉基卒

初帝欲相惟庸基不可既而惟庸相基憂憤成疾惟庸挾醫往視飲其藥如有物積腹中遂篤月餘卒

秋八月元擴廓帖木兒卒

自徐達敗後大軍不復出塞擴廓從其主徙金山卒于哈剌那海之衙庭其妻毛氏亦自經死擴廓小字王保保

丙辰　九年

冬十一月下平遙訓導葉

伯巨于獄殺之

十二月遣元臣蔡子英歸和林

子英元至正進士累遷行省參政元亡入南山帝遣人繪形求得之授之官不受帝知終不可奪遣歸從故主

丁巳 十年

夏五月詔韓國公李善長曹國公李文忠議軍國重事

秋九月以胡惟庸爲左丞相汪廣洋爲右丞相

冬十一月

十二月錄功臣子孫

衛國公鄧愈卒

愈虹人性孝弟篤密慎重有士君子之行謚武順追封寧河王

戊午 十一年
春正月封子五人爲王
夏四月元愛猷識里達臘卒子脫古思帖木兒嗣帝遣使往弔自爲文祭之
秋七月蘇松楊台諸府海溢遣使賑恤
己未 十二年
春正月始合祀天地于南郊
秋七月以李文忠領大都督府事
冬十二月賜汪廣洋死

椿爲蜀王柏爲湘王桂豫王楧漢王植衛王其後桂改封代楧改封肅植改封遼

汪廣洋死

胡惟庸所爲不法汪廣洋同爲相知而不言貶海南舟次太平賜死

徽元吏部侍郎伯顏子中子中飲鴆卒

庚申

十三年

春正月胡惟庸謀反及其黨陳寧涂節等皆伏誅

三月

夏四月命羣臣各舉所知

五月雷震謹身殿

六月雷震奉天門

冬十月安置翰林學士承旨宋濂于茂州道卒

因其孫慎坐胡惟庸黨械濂至京帝欲誅之皇后乞赦其

燕王棣之國

胡惟庸及其黨陳寧涂節等皆伏誅

宋濂卒于茂州道

死

辛酉 十四年
春正月元兵侵邊命徐達
禦之
定賦役籍
秋九月遣傅友德沐英征
雲南
冬十二月傅友德下曲靖
元梁王把匝剌瓦爾密
死之雲南平
遣傅友德沐英等征
雲南
壬戌 十五年
夏五月帝詣國子監釋奠
于先師
秋八月皇后馬氏崩
九月葬孝慈皇后

選僧侍諸王
高后崩諸王奔喪帝命各以一僧與之令誦經修佛事吳僧道衍即姚廣孝姑蘇人有奇謀見燕王棣即深相納棣因白求廣孝于帝帝許之

癸亥
十六年
春二月始令天下學校歲貢士于京師
三月傅友德師還留沐英留鎮雲南
沐英定遠人八歲喪母無所歸上憐之撫爲子寬宏沉毅謀慮深遠臨事果斷在滇多善政帝嘗曰使吾高枕無南顧憂者英之功也

甲子
十七年

春三月曹國公李文忠卒

曹國公李文忠卒 文忠盱眙人初名保保帝之甥也器量沉閎臨陣踔厲奮發好學飭行釋兵家居恂恂若儒士卒年四十六贈岐陽王謚武靖侑享太廟

乙丑 十八年

春二月太傅魏國公徐達卒

太傅魏國公徐達卒 卒年五十四贈中山王謚武寧侑享太廟肖像功臣廟位皆第一

秋七月

遣使封高麗王王禑

丙寅 十九年

夏六月詔有司存問高年

秋七月詔舉經明行修之士

丁卯 二十年

春正月

以馮勝爲征虜大將

秋九月

冬十一月

軍討納哈出夏六月勝至金山納哈出降

以藍玉爲大將軍帥師北伐

命湯和築瀕海城備倭（度浙東西地置衛所並海築城五十有九選丁壯五萬八千人戍之）

戊辰

二十一年

春正月詔有司匿災者罪

夏四月藍玉襲破元脫古思帖木兒于捕魚兒海獲其子地保奴

六月

秋七月

信國公湯和歸鳳陽

以解縉爲監察御史

冬十月元脫古思帖木兒爲其下所殺

脫古思帖木兒既遁將依丞相咬住行至土剌河爲其下也速迭兒所襲尋又搤殺之并殺天保奴自脫古思帖木兒五傳至坤帖木兒咸被弒不復知帝號有鬼力赤者篡立稱可汗去國號遂稱韃靼云

十二月

己巳 二十二年

夏五月置泰寧朵顏福餘三衛

三衛地爲兀良哈在黑龍江南元大寧路北境元遼王內

安南黎季犛廢其王煒尋弒之

陳叔明立三歲傳其弟端端死弟煒代立其相季犛竊柄廢煒殺之立叔明子日焜主國事

附帝即其地置三衛俾部長各領其衆互為聲援

庚午 二十三年

春正月命晉王棡燕王棣帥師北伐

三月燕王棣至迤都元太尉乃兒不花等降

夏四月

五月賜韓國公李善長死

初京民坐罪應徙邊善長數請免其私親丁斌帝怒按斌斌故給事胡惟庸家因言善長弟存義往時交通惟庸狀命逮存義鞫之存義詞連善長于是御史等交章劾之

命晉王棡燕王棣帥師北伐

潭王梓自焚死

梓英敏好學其妃於氏都督顯女也顯與子琥坐胡惟庸誅梓不自安帝召之大懼與其妃自焚死

以楊靖為刑部尚書

賜李善長死

辛未 二十四年

夏四月封子十人為王

梅為慶王權為寧王楩岷王橞谷王松韓王模瀋王楹安王桱唐王棟郢王㰘伊王

秋八月命皇太子巡撫陝西

冬十一月皇太子還京師

壬申 二十五年

夏四月皇太子標卒諡懿文帝詔對廷臣慟哭劉三吾進曰皇孫正嫡承統禮也帝意遂決

六月西平侯沐英卒卒追封黔寧王諡昭靖子春晟昂相繼鎮雲南

沐英卒

秋七月

高麗李成桂逐其君瑤而自立

癸酉 二十六年

九月立孫允炆爲皇太孫

初王禑欲寇遼東使成桂繕兵成桂屯兵艾州不進禑怒殺成桂之子求桂還兵攻之囚禑立其子昌未幾又廢昌而立瑤至是又逐瑤而自立瑤出居原州王氏自五代傳國數百年至是絕是冬成桂請更國號帝命仍古號曰朝鮮

以方孝孺爲漢中教授 孝孺少好學恆以明王道致太平爲己任以薦召至除漢中教授蜀王椿聞其賢聘爲世子師名其讀書之廬曰正學

春二月涼國公藍玉以罪誅

藍玉以罪誅 坐謀反罪

三月

命晉王棡燕王棣節制山西北平軍事

甲戌 二十七年

秋八月遣使修天下水利

冬十一月賜穎國公傅友德死

賜傅友德死未幾定遠侯王弼亦賜死

弼定遠人膽略過人號雙刀王

乙亥 二十八年

春正月

西平侯沐春討越州蠻平之

春英之長子也

二月賜宋國公馮勝死

賜馮勝死

帝春秋高多猜忌勝功最多數以細故失意竟賜死諸子皆不得嗣

秋八月信國公湯和卒

湯和卒

和晚年益爲恭慎入聞國論一語不敢外泄媵妾百餘病後悉資還之所得賞賜多分遺鄉曲當時公侯宿將坐奸黨先後麗法稀得免者而公獨

九月頒皇明祖訓

享壽考以功名終卒年七十追封東甌王謚襄武

丙子 二十九年

春二月

燕王棣帥師巡邊三月敗元兵于徹徹兒山又追敗之于兀良哈禿城而還

秋八月

殺御史王朴

朴性鯁直數與帝辨是非帝怒命戮之召還諭改之卒不屈帝大怒竟戮死

丁丑 三十年

秋八月

沔縣吏高福興作亂征西將軍耿炳文討誅之

炳文濠人其父尹用從上克采石取金陵與張士誠戰死炳文代領其衆

九月

平緬蠻刀幹孟逐其宣慰使思倫發詔沐春討之

戊辰三十一年

夏閏五月帝崩太孫允炆即位時年二十二

葬孝陵

夏六月戶部侍郎卓敬請徙燕王棣于南昌不聽

敬密疏言燕王知慮過人酷類先帝北平形勝地金元所由興宜徙封南昌奏入翌日詔問敬叩頭曰臣所言天下至計願陛下察之事竟寢

召方孝孺爲翰林侍講

以齊泰爲兵部尚書

黃子澄爲太常卿參預國政

恭閔惠皇帝

名允炆太祖孫懿文太子子也在位四年燕兵陷都城宮中火

己卯
建文元年（起帝不知所終）
春正月大祀天地于南郊
奉太祖高皇帝配
二月追尊皇考為興宗孝康皇帝妣常氏曰孝康皇后尊母呂氏為皇太后立皇后馬氏立子文奎為皇太子
三月京師地震
夏四月

燕王棣來朝
封弟允熥為吳王允熞衡王允熙徐王

燕王歸國
湘王柏自焚死齊王榑代王桂有罪廢為庶人（有告湘王反者遣使訊柏懼闔宮焚死會齊代皆告變乃廢二王為庶人囚榑京師幽桂大同）

六月

秋七月燕王棣舉兵反遣長興侯耿炳文討之八月耿炳文與棣戰于滹沱河北敗績召炳文還以李景隆代之

八月

冬十月棣誘執寧王權奪其衆及朵顏三衛歸北

遣燕世子高熾及其弟高煦高燧還北平太祖崩時燕王遣三子入臨京師至是棣稱病乞三子歸齊泰欲收之黃子澄曰不如遣歸之

岷王楩有罪廢爲庶人

燕王棣舉兵反

谷王橞還京師

召遼王植寧王權遼王至寧王不至徙封遼王于荊州

平

庚辰 二年 夏四月李景隆及棣戰于白溝河敗績奔德州 五月棣陷德州轉掠濟南 秋八月都督盛庸參政鐵弦擊敗棣兵于濟南復德州 冬十月詔李景隆還赦不誅 十二月盛庸大敗棣兵于東昌斬其將張玉棣遁還			
辛巳 三年 春三月盛庸敗棣兵于夾		貶齊泰黃子澄諭棣	

河斬其將譚淵復戰敗
續
冬十一月皇子文垚生
十二月棣大舉南犯

壬午 四年
春正月命魏國公徐輝祖帥師禦棣兵于山東夏四月官軍連敗棣兵于淮北尋召輝祖還
夏五月棣兵渡淮陷揚州
六月渡江犯京師谷王穗及李景隆迎降京師陷帝不知所終
或曰帝方急時一官捧太祖遺篋至曰曩受命嬰大難則

罷兵棣不奉詔

詔駙馬都尉梅殷鎮淮安

元坤帖木兒死鬼力赤爲可汗

發發得楊應能度牒及髡緇
編修程濟曰數也可奈何立
召主錄僧溥洽爲帝剃髮從
水關出宮中火益烈傳言帝
崩云實遜去也相傳先入蜀
未幾入滇嘗往來廣西貴州
寺中正統庚申出滇南語寺
僧曰我建文皇帝朱允炆也
以聞于朝乘傳至京師迎入
大內稱老佛以壽終葬西山
不封
不樹

棣自立爲皇帝

革建文年號稱
洪武三十五年

葬建文皇帝

削魏國公徐輝祖爵

還興宗皇帝主于陵仍

稱懿文皇太子還呂太

后于懿文陵

降封允熥允熞允熙
爲廣澤懷恩敷惠王

殺兵部尚書齊泰太
常卿黃子澄文學博
士方孝孺皆夷其族
坐黨死者數百餘人

秋八月以待詔解縉編修黃淮入直文淵閣侍讀胡廣修撰楊榮編修楊士奇檢討金幼孜胡儼同入直預機務

九月大封靖難功臣

冬十月重修太祖實錄

命李景隆爲監修官前纂修官葉惠仲以直書靖難事伏誅

十一月立妃徐氏爲皇后

成祖文皇帝

名棣太祖第四子雖繼父業實攘姪位遷都順天在位二十二年壽六十五歲按建文太祖嫡孫太祖于太子卒即立爲皇太孫正嫡承統禮也成祖于建文即位之年即興靖難之師既違

徙谷王橞于長沙廢廣澤王懷恩王爲庶人

殺御史大夫練子寧戶部侍郎卓敬夷其族

父命復攘君位誠劉璟所謂百世後逃不得一篡字者也

癸未　永樂元年

春二月改北平爲順天府

置北京

二月遣中官侯顯等使外域

帝聞烏斯藏僧哈立麻善幻化欲致一見因通迤西諸番命顯賫書幣往迓選壯士健馬護行未幾又遣馬彬使瓜哇蘇門答剌諸國李興使暹羅尹慶使滿加剌柯枝諸國中官四出及三年夏帝疑惠帝亡海外使中官鄭和王景弘等蹤跡之多賫金幣率兵二萬七千餘人造大舶由蘇州劉家港入海歷福建達占城以次遍歷西洋耀兵絕域諸邦震恐來朝者日衆而中國耗費亦不貲

命周齊代岷四王復國

徙寧王權于南昌

秋八月徙富民實北京

冬十一月頒大統曆于朝鮮

北京地震

削威庸爵尋自殺

封李芳遠爲朝鮮國王

封胡奃爲安南國王

初惠帝時黎季犛弑國王陳日焜立其子顒及弟𤇼復弑之而簒其位改姓名曰胡一元名其子蒼曰胡奃自稱太上皇傳位于奃朝廷不知也文皇踐祚奃遣使表賀詭言安南王陳氏嗣絶臣爲衆所推乞賜封爵帝遣使封爲安南國王

甲申 二年

夏四月立子高熾爲皇太子以僧道衍爲太子少師

夏六月

秋九月

冬十月

封高煦爲漢王高燧爲趙王

以胡儼爲國子祭酒

籍長興侯耿炳文家炳文自殺

封元哈密安克帖木兒爲忠順王

哈密漢伊吾廬地元末以威武王納忽里鎮之卒弟安克帖木兒嗣帝遣使詔諭遂入貢詔封忠順王明年卒

	十一月京師地震		李景隆有罪削爵	命其兄子脫脫襲封
乙酉 三年	春二月命趙王高燧居守北京 冬十月		殺駙馬梅殷御史章朴	老撾送安南故王孫陳天平來朝
丙戌 四年	春三月帝視國子監行釋奠禮 夏四月詔求遺書 六月朔日食不見 秋七月			黎蒼弒其故王天平于芹站 以成國公朱能爲征夷將軍討黎蒼朱能卒于軍以張輔代之大破安南兵

八月

冬十二月

丁亥五年

春三月封西僧哈立麻為大寶法王

夏四月皇長孫瞻基出閣就學

五月

六月

秋七月皇后徐氏崩后徐達女疾劇謂帝曰願帝無嬌畜外家崩

齊王榑有罪廢為庶人

甌寧王允熙卒惠帝弟凡三人吳王允熥衡王允熞徐王允熙帝即位廢允熥允熞為庶人改封允熙為甌寧王至是邸中火王暴卒

張輔擒黎季犛及其子蒼送京師

置交阯布按都三司分十七府四十七州百五十七縣十二衛置三司以尚書黃福兼掌布按二司事呂毅掌都司黃中副之

冬十二月戸科都給事中胡漢訪求異人（訪建文皇帝也）

戊子　六年

春正月

夏五月京師地震

秋八月

己丑　七年

春二月帝北巡命皇太子

岷王楩有罪削其官屬

瓦剌攻破鬼力赤阿魯台立本雅失里爲可汗

交阯復亂（大軍之討黎氏也陳氏故官簡定先降將遣詣京師復逸去餘寇附之定乃僭號大越出没化州山中大軍還即出攻鹹子關帝命沐晟等討之敗續復命張輔王友與晟協討簡定自稱上皇立陳季擴爲帝季擴簡定從子也）

監國
夏五月
冬十一月

庚寅八年
春二月帝自將征韃靼
夏五月大敗韃靼于斡難
河六月遂征阿魯台敗
之
秋七月帝還北京
冬十一月還京師
十二月

封瓦剌馬哈木爲順
寧王太平爲賢義王
把禿孛羅爲安樂王

張輔討交阯破之獲
簡定季擴遁去簡定
伏誅

季擴請降以爲交阯
布政使尋復反

辛卯	九年		
	春正月	復命張輔討交阯	
	夏六月	下交阯右參議解縉于獄殺之	
	秋七月		張輔大破交阯賊于月常山
	冬十月		
	十一月立長孫瞻基爲皇太孫		哈密忠順王脫脫卒封兎力帖木兒爲忠義王尋卒封孛羅帖木兒爲忠順王
壬辰	十年 冬十二月	殺浙江按察使周新	
癸巳	十一年 春二月帝如北京皇太孫		

從命皇太子監國

甲午 十二年
春三月帝發北京征瓦剌
皇太孫從
夏六月大破瓦剌兵
秋八月帝還北京
閏九月

廢晉王濟熺爲庶人
進封平陽王濟熿爲晉王

下左春坊大學士黃淮于獄

張輔追獲陳季擴于老撾檻送京
大破瓦剌

乙未 十三年
春正月罷海運
夏五月開清江浦
俱平江伯陳瑄建議也

丙申 十四年
十月帝還京師

紀年	紀事	宗藩	臣卒	外夷
丁酉 十五年	春二月 三月帝北巡命皇太子監國 秋七月冊皇太孫妃胡氏	谷王橞廢爲庶人 濮王高煦有罪徙封樂安州 安惠王卒無子國除 故吳王允熥卒		
戊戌 十六年	春正月 三月太子少師姚廣孝卒		姚廣孝卒	交阯復亂 安南黎利反○交人故好亂中官馬騏以采辦至索求無度人情騷動大軍甫還即並起爲寇李彬遣將討定之至時俄樂巡檢黎利及乂安知府潘僚等復乘機作亂蓋黎利初事陳氏爲金吾將軍歸命後授巡檢以是常怏怏與其黨放兵四掠帝命榮昌伯陳智等助討之
己亥 十七年				
庚子 十八年				

春正月楊榮金幼孜並爲文淵閣大學士

秋八月置東廠由是中官之勢日重訖于明亡不可復制

冬十一月皇太子過鄒縣見民拾草實以爲食命山東布政司石執中發官粟賑之

辛丑 十九年

春正月遷都北京

夏四月奉天華蓋謹身三殿災

秋八月

下戶部尚書夏原吉于獄兵部尚書方賓自殺

壬寅 二十年

春正月朔日食罷朝會帝

自將征阿魯台命皇太
子監國
秋七月帝至殺胡原阿魯
台遁遂征兀良哈
九月帝還京師
冬閏十月乾清宮災

癸卯
二十一年
秋八月帝自將征阿魯台
命皇太子監國
冬十月帝至上莊堡蒙古
也先土干來降詔班師
十二月帝還京師

阿魯台弒其主本雅
失里自稱為可汗

甲辰
二十二年
春正月復詔北征
夏四月帝發京師命皇太

子監國六月至荅蘭納
木兒河詔班師
秋七月帝有疾至榆木川
崩
八月太子高熾即位〇加
楊榮金幼孜楊士奇黃
淮等官管領內閣事如
故
九月賜蹇義等繩愆糾謬
銀章各一
冬十月立妃張氏爲皇后
立皇太孫瞻基爲皇太
子
十一月宥建文諸臣家族

徙韓恭王于平涼

釋夏原吉黃淮等復其官

復魏國公徐欽爵初輝祖以忤成祖奪爵及卒復封其子欽十九年來朝不辭徑去成祖怒罷爲民至是復故爵

名高熾成祖子在位一年壽四十八歲

乙巳 洪熙元年

春正月加楊士奇兵部尚書黃淮少保戶部尚書金幼孜禮部尚書楊溥直弘文閣

大祀天地于南郊奉太祖成祖配

三月以權謹爲文華殿大學士

夏四月南京地屢震

皇太子謁皇陵祖陵孝陵

定太廟侑享功臣

五月修成祖文皇實錄

庚辰帝不豫召皇太子

徙岷王楩于武岡

左遷李時勉羅汝敬爲監察御史尋下獄

辛巳帝崩于欽安殿

六月辛丑皇太子還至良鄉宮中始發喪庚戌皇太子卽皇帝位南京地震

秋七月尊皇后爲皇太后王妃胡氏爲皇后

閏月以翰林學士楊溥入內閣

更定科舉法

自是分南北中爲三以百人爲率則南取五十五名北取三十五名中取六十名中謂四川廣西雲南貴州及鳳陽廬州二府滁和徐三州也

修仁宗昭皇帝實錄

八月始置巡撫官

以大理卿胡槩及四川參政葉春巡撫江南浙江自是遇

災荒盜賊輒遣大臣往巡撫事已召還成化以後遂成定員而三司之任漸輕

九月葬獻陵

冬十月朔日食

十二月南京地屢震

瓦剌馬哈本立脫脫不花爲可汗

宣宗章皇帝

宣宗名瞻基仁宗子在位十年壽三十八歲

丙午 宣德元年

春三月以張瑛爲華蓋殿大學士

秋七月京師地震

京師地生毛長尺餘

八月漢王高煦反帝親征

高煦反

帝至樂安高煦降遂班

師

九月帝還京師廢高煦爲庶人（縶于逍遙城其黨皆伏誅）

冬十月

丁未

二年

春正月南京地震

二月以陳山爲謹身殿大學士

夏四月

釋李時勉于獄復以爲翰林侍讀

于謙爲監察御史

晉王濟熿有罪廢爲庶人安置鳳陽（熿晉恭王子也初濟熿搆陷濟熺幽其父子于空室中蔬食不給恭王宮中老媼走訴成祖盡得其搆陷狀乃命釋濟熺封其子美圭爲平陽王畀）

秋八月黃淮罷

冬十一月

皇子生赦

帝年三十胡皇后未有子而孫貴妃有寵乃陰取宮人子為己子帝以長子生大喜寵貴妃有加

以恭王故田濟熿靳不與仁宗屢詔諭之不聽高煦反濟熿與通謀其黨至京自首寧化王濟煥亦奏其弒母帝遣人察之皆實乃免為庶人幽之鳳陽

罷交阯布政司

初仁宗立遣中官山壽齎敕招黎利而利已陷茶籠州陳智等憚不敢進帝即位命成山侯王通討之敗參贊尚書陳洽死之帝復遣安遠侯柳升赴討敕黔國公沐晟引兵會之未至賊已陷昌江圍交州王通遂大集官吏與利盟誓立陳氏後帝心知其詐欲藉此息兵遂遣禮部侍郎李琦等齎詔立陳暠為王諭將班還 王通陝西咸寧人

戊申 三年

春二月立子祁鎮為皇太

明宣宗宣德三年

子
三月廢皇后胡氏立貴妃
孫氏爲皇后
秋八月帝巡邊敗兀良哈
之衆于寬河九月還京
師
八月皇子祁鈺生

己酉
四年
春正月兩京地震
冬十月張瑛陳山罷
十一月

庚戌
五年
春正月少保兼太子少傅
夏原吉卒

以陽武侯薛祿巡邊

初敕南京刑部侍郎
段民考察京官

夏原吉卒

夏五月

秋七月

冬十月帝巡邊至洗馬林

閱武而還

十二月兩京地震

辛亥 六年

夏六月

原吉有雅量嘗言處有事當如無事處大事當如小事○湘陰人與蹇義皆起家太祖時

以況鍾等九人爲知府賜勅遣之

薛祿卒

命黎利權署安南國事

三年夏李琦還自交阯黎利遣使奉表謝恩詭言陳暠物故陳氏巳絶國公推利守國以俟朝命帝遣齎勅諭利及其國人遍訪陳氏子孫利再遣使奉表堅言陳氏無後帝遣章敞齎勅命利權署安南

秋七月帝微行幸楊士奇宅

冬十二月金幼孜卒

壬子 七年

秋七月揭豳風圖于殿壁

冬十二月修祖陵孝陵

癸丑 八年

春三月賜曹鼐等進士及第出身有差

鼐寧晉人以泰和縣典史督工匠入京自陳願就禮部試宣德八年進士第一授翰林院修撰疏明俊偉內剛外和

金幼孜卒

公簡易沈默溫裕有容幼孜其字也名善新淦人建文元年進士卒贈少保謚文靖

國事利難受朝命而居國則稱帝紀元順天

日本國王源道義卒

練達國器才量出入

甲寅 九年

春二月

夏四月

秋九月帝巡邊至洗馬林閱武而還

冬十月

十二月甲子帝不豫衞王瞻埏攝享太廟

乙卯 十年

春正月癸酉朔帝不豫百官朝皇太子于文華殿

南京刑部侍郎段民卒 民字時舉武進人永樂二年進士好古力學精練吏事廉平勁直人莫敢干以私

黎利死子麟遣人告喪

遣章敞諭黎麟權署安南國事

甲戌帝崩于乾清宮壬
午皇太子卽皇帝位
少師吏部尚書蹇義卒
尊皇太后張氏爲太皇太
后皇后孫氏爲皇太后
封皇弟祁鈺爲郕王
以禮部尚書楊溥復入內
閣預機務
三月放教坊司樂工三千
八百餘人
詔死罪必三覆奏
以元儒吳澄從祀孔廟
夏六月葬景陵

蹇義卒 義字宜之巴人洪武十八年進士歷事六朝凡五十年性謙約未嘗一語傷人至議典法不苟爲包容卒年七十三贈太師謚忠定

封皇弟祁鈺爲郕王

秋七月太白經天

九月

冬十月詔天下衛所皆立學

十一月朔日食○命楊士奇楊榮楊溥議臣民章奏

太皇太后委任三人三人同心輔政士奇江西泰和人有學行通達國體榮字勉仁閩建安人建文二年進士謀而能斷溥字弘濟楚石首人建文二年進士有雅操淳謹小心時號三楊

以王振掌司禮監

振狡黠多智事仁宗于東宮宣德初寖用事帝爲太子朝夕侍左右及即位寵任之

英宗睿皇帝

名祁鎮宣宗子前後在位共二十二年北狩一年居南宮六年壽三十八歲

丙辰

正統元年

春三月始御經筵（從三楊之請也）

夏五月始置提調學政官

秋七月復聖賢後裔

兩畿山東河南陝西湖廣廣東大水

九月

徙封襄憲王于襄陽淮靖王于饒州

設提學憲臣薛瑄爲山東提學僉事

張瑛卒

封黎利子麟爲安南國王（帝以陳氏既絕麟事朝廷甚恭遂封之麟復改號大寶）

丁巳

二年

夏五月詔旌出穀賑荒者爲義民

六月以宋儒胡安國蔡沈真德秀從祀孔廟

遣王驥經理甘肅邊務

年				
戊午 三年	春三月京師地震 夏四月立大同馬市與瓦剌互市也宣宗章皇帝實錄成進楊士奇楊榮少師楊溥少保武英殿大學士王直王英並禮部左侍郎李時勉錢習禮爲翰林學士		王驥遣兵敗虜于塞外阿台朵兒只伯走死	雲南麓川宣慰思任發叛
己未 四年	春三月 夏六月彗星見○京師地震	遼王貴烚有罪廢爲庶人貴烚杖殺長史笞荊州知府爲撫按官所劾		
庚申 五年				

春正月

二月以翰林學士馬愉侍講曹鼐入內閣預機務

夏六月度僧道二萬餘人

秋七月遣侍郎何文淵等分行天下修荒政從楊士奇請也

少師謹身殿大學士楊榮卒

冬十一月妖僧楊行祥伏誅

少保戶部尚書黃福卒福昌邑人歷事六朝多所建白安南貢使入朝或指福問曰識此大人否對曰南交草木亦知公名安得不識其卒也贈謚不及士論惜之

楊榮卒榮疏閒果毅歷事四朝謀而能斷李時勉夏原吉皆以榮言得無死卒謚文敏

廣西僧楊行祥僞稱建文帝械送京師下詔獄瘐死

辛酉 六年

春正月朔欽天監奏日食不應

夏五月太白經天

秋九月奉天華蓋謹身三殿乾清坤寧二宮成

永樂中宮闕未備三殿成而復災至是成

冬十月

以蔣貴爲平蠻將軍王驥總督軍務討麓川蠻破之

蔣貴江都人靖難初奮起卒伍能與士卒同甘苦以故所向有功王驥東鹿人永樂四年進士沈毅宏偉有文武才

進蘇州府知府況鍾吉安知府陳本深秩正三品

鍾靖安人剛正奇偉初以吏員事尚

書呂震震
薦其才

壬戌 七年
春正月賜劉儼等進士及
第出身有差
夏五月立錢氏爲皇后
冬十月太皇太后張氏崩
十一月
十二月葬誠孝皇后

瓦剌遣使入貢

蘇州知府况鍾卒

癸亥 八年
春正月以王直爲吏部尚
書
夏五月雷震奉天殿
六月

復遣王驥蔣貴征麓
川蠻

瓦剌順寧王脫歡死

太監王振殺侍講劉
球
球安福人永樂十

秋七月

冬十一月宣宗廢后胡氏

下大理寺少卿薛瑄于獄既而釋之

九年進士天性忠孝好義力行文詞鏗鏘金春玉應人共寶之如月嬪天犀也十四年諡忠愍

瑄字德溫河津人永樂十九年進士粹學飭躬進無所求退無所累真君子儒也人稱爲薛夫子

枷祭酒李時勉于國子監門三日釋之

時勉名懋以字行安福人永樂二年進士

王振一閹耳而公卿大臣不受頤指者多爲置之死地如劉球因雷震上疏慘毒斃命薛瑄以拜官不謝幾下獄論死惡李時勉之守正荷校國學門其驕橫之態已極矣而馬順王文等又以惡相濟聞者孰不切齒

卒

甲子 九年

春三月帝視國子監以新作國子監成也

少師華蓋殿大學士楊士奇卒士奇公正持大體好推轂寒士卒年八十謚文貞

夏四月以翰林學士陳循入內閣預機務

冬十月朔日食

楊士奇卒

乙丑 十年

春二月京師地震

三月賜商輅等進士及第出身有差

輅字宏載淳安人宣德乙卯發解第一九年會試明年廷試皆第一

夏四月朔日食

冬十月以兵部侍郎苗衷工部侍郎高穀入內閣預機務

丙寅 十一年

春正月異氣見奉天華蓋二殿

夏六月京師地震有聲

秋七月少保武英殿大學士楊溥卒

溥質直廉靜有雅操自楊榮楊士奇卒溥孤立王振遂用事及是卒謚文定

楊溥卒

冬十二月大雨震電

丁卯 十二年

秋八月朔日食

九月 馬愉卒

戊辰 十三年

春二月以宋儒楊時從祀

孔廟

三月賜彭時等進士及第

出身有差

秋七月河決河南京師蝗

一自新鄉漫曹濮抵壽張沙灣壞運道東入海一自滎澤經祥符陳留歷睢亳至懷遠界入淮○按河決之患自商已然漢時決酸棗決瓠子決館陶後又決東郡決中原皆入于海自東漢及宋初並解河患宋熙寧間始決澶州北

復遣王驥征麓川蠻雲南思機發叛

機發任發子

流斷絕河道南徙分爲二派一達于淮一入于海黃河入淮自茲始矣隋唐以前河自河淮自淮各自入海宋中葉以後河合于淮以趨海此古今河道遷徙之大略也然前代河決惟壞田廬至明及今並妨漕運故治河尤爲先務

冬十月幸大興隆寺

己巳

十四年

春正月太白經天

夏五月以翰林侍讀學士張益入內閣預機務

六月旱熒惑入南斗〇謹身等殿災

是日夜大風雨明日殿基生荊棘高二尺

秋七月帝親征瓦剌命郕王祁鈺居守

瓦剌分道入寇

也先索中國財物不足其心遂掠諸部分道入寇脫脫

王振勸帝親征鄺埜于謙王直等力諫不聽

八月帝至大同詔班師次土木師潰也先以帝北去

皇太后命郕王監國立皇子見深爲皇太子

時京師疲卒羸馬不滿十萬羣臣哭議戰守徐珵請南遷于謙曰京師天下根本一動則大事去矣言遷者斬陳循胡濙力贊之守議遂定

以于謙爲兵部尚書

籍王振家夷其族

召前大理寺少卿薛瑄以翰林院修撰商輅彭時入內閣預機務

張輔鄺埜王佐曹鼐張益等皆歿

不花以兀良哈寇遼東阿剌知院寇宣府圍赤城別將寇甘肅也先從大同入至貓兒莊

也先以帝北去

九月皇太后命郕王即位

赦

廷臣合辭請太后曰車駕北狩太子幼冲請定大計以安宗社太后命郕王即位王驚讓再三會岳謙使瓦剌還口傳帝旨以王長且賢令繼統以奉祭祀王始受命

遙尊帝爲太上皇帝

冬十月以于謙提督各營軍馬

也先入紫荊關○也先犯京師于謙統諸將擊却之

也先長驅至京師次蘆溝以上皇至土城叛閹喜寧嗾也先邀大臣迎駕索金帛萬萬計廷臣欲議和謙力持不可敵窺德勝門謙令石亨誘敵來伏兵起擊之也先弟字

也先入紫荊關

也先犯京師

瓦剌遣使入貢

時瓦剌君臣鼎立也先專國兵最多脫脫不花雖爲可汗兵較少阿剌知院兵又少三人外親內疎至是可汗遣使入貢帝從厚賞賜以間之

羅平章卯那孩中礮死寇轉戰至彰義門都督高禮毛福壽擊却之也先初輕中國既至相持五日不利意稍沮又聞勤王兵且至遂擁上皇由良鄉西去大掠出紫荊關

十一月修治邊關隘○以左都督朱謙鎮宣府僉都御史王竑鎮居庸關宣府京師之藩籬居庸京師之門戶故于謙乞遣重臣鎮之

十二月尊皇太后爲上聖皇太后尊母賢妃吳氏爲皇太后立皇后汪氏是年二至夏晝冬夜各六十一刻

也先犯寧夏

名祁鈺英宗之弟初封郕王英宗北去奉孫太后命即位在位七年

庚午

景泰元年

春正月朔罷朝賀以上皇在瓦剌也

郭登敗瓦剌於栲栳山

二月帝耕籍田

三月

錄土木死事諸臣後

夏五月

朱謙敗瓦剌于宣府

秋七月也先遣使請和遣右都御史楊善等報之先是也先有意歸上皇遣使通款至是見中國無釁滋欲

瓦剌復分道入寇

辛未 二年

和使者頻至王直等議遣使奉迎帝不懌曰吾非貪此位而卿等强樹焉今復作紛紜何衆不知所對于謙從容言曰天位已定寧復有他萬一彼果懷詐我有辭矣帝意始釋

八月上皇至自瓦剌入居南宮

苗衷罷以刑部侍郎江淵入內閣預機務

九月御經筵

冬十一月禮部尚書胡濙請令百官賀上皇生日不許

未幾濙又請明年正旦朝上皇于延安門不許

春正月令軍民輸納者世襲武職度僧道五萬餘

秋八月南京地震

冬十二月以禮部侍郎王一寧祭酒蕭鎡入內閣預機務

壬申

三年

夏五月帝廢故皇太子見深爲沂王立子見濟爲皇太子

廢皇后汪氏立妃杭氏爲皇后后以太子乃杭氏所生遂讓焉

官顏孟二氏子孫各一人

廣通王徽煠陽宗王徽焟謀逆廢爲庶人岷莊王子

也先殺其主脫脫不花自稱大元田盛可汗

安南國王黎麟死子濬立僭號太和

六月建大福隆寺

秋七月

冬十月以左都御史王文入內閣預機務

時閣中已有五人因高穀與陳循不相能穀以文彊悍欲引文自助乃請增閣員二品大臣入閣自文始

十一月朔日食

王一寧卒

癸酉 四年

冬十月

十一月皇太子見濟卒

以徐有貞即珵爲左僉都御史治沙灣決河

由是山東河患少息

甲戌 五年

夏四月朔日食

五月

冬十月

齊庶人賓爀谷庶人賦烌徙置南京

也先為阿剌所殺

也先自立為田盛可汗阿剌求為太師不許且殺其二子阿剌怒舉衆攻也先殺之未幾韃靼部孛來復殺阿剌求脫脫不花子麻兒立之號小王子

乙亥

六年

夏四月朔日食

秋七月太白經天

八月

謫大理寺少卿廖莊為驛丞殺御史鍾同錮禮部郎中章綸於獄

以言復太子朝上皇復皇后也是日黃霧四塞

丙子

七年

春二月皇后杭氏崩

三月天鼓鳴

夏四月彗星見

五月以宋儒周敦頤程頤朱熹後裔世襲五經博士

六月葬肅孝皇后

兩畿山東河南饑

按景帝後人稱爲郕戾王削其年號固史臣曲筆亦英宗復辟事後見之也天下不可一日無君英宗北去誰能必其復還是時太子甫九歲立郕王正以示金人知國有君惟其復還上皇也不然被金人窺破以上皇爲奇貨而卒不使之復國幾何而不爲南宋也況郕王居守英宗命之郕王監國太后命之郕王卽位亦英宗有旨太后有詔郕王豈篡之耶但卽位未幾卽更立太子改冊皇后上皇將歸不欲以禮迎之上皇旣歸又于南宮置之至八年之久旣不能輔立太子又不肯歸位英宗固位之心卒致有奪門之禍終不能免後人議之也

秋七月

以工人蒯祥陸祥爲工部侍郎

冬十二月帝有疾

時稱爲匠官

丁丑 八年 英宗睿皇帝復位又在位八年改景泰八年爲天順元年

春正月武清侯石亨右都御史徐有貞等以兵迎上皇於南宮遂復位

初帝不豫王文與太監王誠謀欲立襄王世子爲東宮太監興安諷羣臣請復立舊東宮王文曰安知朝廷之意在誰羣臣乃請早擇元良以安人心不報石亨知帝疾必不起乃與徐有貞曹吉祥等謀迎英宗復位可邀功賞遂揚言敵騎且薄都城又言王文于謙取金牌勅符迎襄王世子去矣吉祥白孫太后命亨等率兵以迎吉祥收取諸門鑰夜四鼓開長安門遂薄南宮毀垣壞門而入掖英宗升

興遂復位
以徐有貞入內閣預機務
下少保兵部尚書于謙於獄
以許彬薛瑄爲禮部侍郎入內閣預機務
彬以石亨薦瑄乃楊善薦也
改元大赦
詔改景泰八年爲天順元年
殺于謙王文籍其家戍陳循江淵于鐵嶺衛斥蕭鎡商輅爲民
謙死之日陰霾四翳天下冤之
二月廢景泰帝仍爲郕王

安南王黎濬爲庶兄琮所弒而自立僭號天與

遷之西內

以太后制廢之皇太后吳氏復號宣廟賢妃削肅孝皇后杭氏位號改稱懷獻太子爲懷獻世子

高穀罷以吏部侍郎李賢入內閣預機務

郕王薨

諡曰戾毀所營壽陵葬金山與夭殤諸王公主墳相屬妃唐氏等俱殉葬弃欲令汪妃殉李賢不可乃止

三月復立沂王見深爲皇太子

夏六月下徐有貞于獄尋竄金齒貶李賢爲參政以通政司參議呂原入內閣預機務

安南大酋黎壽域等起兵殺琮而立濬弟灝僭號光順

禮部侍郎薛瑄致仕
以翰林院修撰岳正入
內閣預機務
秋七月承天門災
許彬罷復以李賢入內
閣
謫岳正爲欽州同知尋
下獄戍肅州
九月以太常卿彭時入內
閣預機務
釋建庶人文圭

釋建庶人文圭

文圭建文少子也成祖幽之中都號建庶人帝憐其無罪久繫釋之文圭繫時方二歲至是五十七歲出見牛馬亦不識未幾卒

戊寅
二年
春正月上皇太后尊號
夏六月

雲南總兵沐璘卒沐

冬十一月

瓚爲都督同知征南將軍鎮守雲南

孛來毛里孩阿羅忽寇延寧甘涼

己卯　三年

春二月遣御史及中官採珠廣東

幸太監曹吉祥宅

夏四月

冬十月詔霜降後錄囚著爲令

方瑛大破貴州苗

生擒干把豬等送京師磔之○瑛前後討川湖貴州諸苗克寨幾二千俘斬四萬餘平苗之功前此莫與比者

庚辰　四年

春正月

石亨及其從子彪伏

夏四月大雨雪

秋七月朔日食

八月

誅

亨弟姪家人冒功錦衣者五十餘人部曲親故竄名奪門籍得官者四千餘人兩京大臣斥逐殆盡日燕見參預政事所請或不從即艴然見于辭色帝不能堪因法司劾其謀不軌下獄論死

韃靼孛來入寇

辛巳 五年

夏五月

六月彗星見

秋七月河決開封

殺弋陽王奠壏

逯杲誣奠壏母子亂也人咸以爲冤

曹吉祥及其養子欽反懷寧伯孫鏜討之伏誅

九月京師地震有聲

冬十一月朔日食

壬午 六年

夏五月

秋九月皇太后孫氏崩

都督僉事顏彪破兩廣猺

自元年春大藤峽猺爲亂兩廣苗獞蠭起廣西殘燬殆遍前年帝命彪討之攻破七百餘寨

冬十一月葬孝恭皇后

毛里孩阿羅出孛羅出入河套

河套卽周之朔方漢之定襄郡趙元昊所據以爲國者也

癸未 七年

春二月以陳文爲禮部侍郎入內閣預機務

夏五月朔日食

秋閏七月復宣宗廢后胡
氏位號

甲申 八年

春正月帝崩遺詔罷宮嬪
殉葬
太子見深卽位
三月尊皇后爲慈懿皇太
后貴妃周氏爲皇太后
放宮人
加李賢少保兼華蓋殿
大學士
復岳正翰林院修撰
夏四月朔日食不見
五月葬裕陵
秋七月立皇后吳氏八月

廢之

冬十月立妃王氏爲皇后

帝居東宮時萬貴妃擅寵后既立摘其過杖之帝怒廢居別宮王后處之澹如也以是得安

致仕禮部侍郎薛瑄卒

瑄初學于高密魏希文海寧范汝舟聞濂洛之傳其學以復性爲主卒年七十二謚文清

始置皇莊

以沒入曹吉祥地爲宮中莊田皇莊之名自此始

薛瑄卒

憲宗純皇帝

名見深英宗子在位二十三年壽四十一歲

乙酉

成化元年

春正月

遣都督趙輔僉都御

二月詔雪于謙冤

帝曰朕在東宮時即聞謙冤謙有社稷之功而受無辜之慘所司急如敵言施行御史趙敔言也釋謙子冕還家明年八月復冕官遣行人往祭謙墓謙錢塘人字廷益

帝耕藉田○彗星見

三月帝視國子監

秋八月兩畿湖廣浙江河南饑

冬十一月

史韓雍討廣西猺

荊襄盜起命朱永白圭討之

劉通石龍劉長子聚衆大掠鄧襄等處

韓雍破猺于大藤峽

初國子監生封登奏潯州夾江諸山險峻中有大藤如斗延亙兩崖勢如徒杠蠻衆蟻度號大藤峽登峽巔數百里顧盼可盡諸

韃靼毛里孩寇延綏

初韃靼入寇或在遼東宣府大同或在寧夏莊浪甘肅去來無常爲患不久景泰初始犯延慶然部落少不敢深入天順間有阿

丙戌 二年

春三月

南畿大饑

冬十二月少保華蓋殿大學士李賢卒

公字原德鄧州人宣德八年進士恭莊端重練達政務不屑為小廉曲謹薦引耿九疇軒輗年富王竑李秉程信姚

遣右都督李震討靖州苗破之

湖廣靖州銅鼓五開武岡等苗為患李震督軍破八百餘寨

李賢卒

蠻倚為粵區殘毀廣東又越湖廣江右日益蔓延乞調兵勦滅前年命趙輔韓雍率兵討之倍道進長驅至峽口攻破山南諸巢追躡至九層崖等山用斧斷藤改名斷藤峽賊黨悉平召輔還封為武靖伯雍留兩廣提督軍務

羅出者率屬犛居河套遂逼近西邊河套古朔方地唐張仁愿築三受降城處也地在黃河南自寧夏至偏頭關延袤二千里餘水草外為東勝衞東勝而外土地平衍敵來不能隱明初守之以曠絕內徙至是孛來小王子毛里孩等先後繼至據中國人為嚮導抄掠延綏無虛日矣

夔等皆爲名臣卒贈太師謚文達

以太常寺卿劉定之入內閣預機務

丁亥 三年

春二月朔日食

御經筵

三月召商輅復入內閣

夏四月地震 自去年六月至于是月四川地三百七十五震諭所在官吏修省

雷震南京午門詔羣臣修省

冬十二月

杖謫翰林院章懋黃仲昭檢討莊昶 帝以元夕張燈命詞臣撰詩詞進奉懋等三人同疏諫其不可時人以懋等與羅倫同稱翰林四諫

戊子 四年
夏六月慈懿皇太后錢氏崩
秋八月葬孝莊睿皇后於裕陵

陳文卒

己丑 五年
夏五月以禮部侍郎萬安入內閣預機務
六月朔日食
秋八月御經筵

禮部侍郎劉定之卒 公字子靜永新人正統元年進士博學能文性尤孝友色溫氣和與物無忤及居官據理直言略無忌沮卒贈禮部尚書謚文安

庚寅 六年
冬十一月

起復韓雍總督兩廣

春二月遣使分巡州郡

夏四月旱

北畿山東河南大旱陝西四川山西兩廣雲南並饑

六月朔日食○大水

秋七月皇子生于西內

皇子即孝宗母紀氏賀縣人本土官女征蠻俘入掖庭警敏通文字命守內藏時萬貴妃專寵而妬後宮有娠者皆墮之帝偶行內藏妃應對稱旨悅幸之遂有娠萬貴妃知而恚甚令婢鈎治之婢謬報曰病痞乃謫居安樂堂久之皇子生使門監張敏溺焉敏驚曰上未有子奈何棄之稍哺粉餌飴蜜藏之他室貴妃日伺無所得

辛卯 七年

春正月

二月御經筵

以余子俊巡撫延綏

子俊青神人景泰二年進士

冬十一月立子祐極爲皇太子

十二月彗星見于紫微光長竟天正晝猶見明年正月乃滅

壬辰 八年

春正月太子祐極卒萬貴妃害之也

夏四月旱

秋南畿浙江大水

哈密人殺忠順王孛羅帖木兒王母理國事

癸巳 九年

春正月

土魯番據哈密哈密忠順王孛羅帖木兒卒無子土魯番酋阿力自稱

三月畿南山東大饑民相食

夏四月朔日食

秋九月

速檀乘機襲破據其城遣李文等討之

滿都魯孛羅忽亂加思蘭並入寇王越擊破其孥於紅鹽池

甲午 十年

春正月

三月

夏閏四月築邊牆

從余子俊之請也○東起清水營西抵花馬池延袤千七百七十里凡築城堡十一邊墩十五小墩七十八崖砦八百十九

秋九月朔日食

命王越總制三邊罷總督兩廣韓雍

冬十月	十二月	乙未 十一年 春三月少保文淵閣大學士彭時卒 以吏部左侍郎劉珝禮部右侍郎劉吉入內閣預機務 乾清宮門災 夏五月始召見皇子於西內 帝自悼恭太子薨常鬱鬱不樂一日照鏡嘆曰老將至而
	以項忠爲兵部尚書	彭時卒 時立朝三十年持正存大體有所論薦不使人知燕居無惰容非其義不取有古大臣風
移哈密衛於苦峪 李文等至卜隆吉兒川諜報阿力集衆抗拒文等不敢進移哈密罕愼等于苦峪		

無子太監張敏伏地曰萬歲已有子也帝愕然曰安在懷恩頓首曰皇子潛養西內今已六歲匿不敢聞耳帝大喜即日幸西內遣使迎皇子懷恩弁傳帝意宣示外廷

六月皇子母紀氏暴卒

秋八月浚通惠河 即大通河元郭守敬所鑿也

九月朔日食

冬十一月立子祐樘爲皇太子

十二月改諡郕戾王爲景皇帝

丙申 十二年

春二月朔日食

夏五月命副都御史原傑

以朱英總督兩廣軍務

滿都魯乩加思蘭遣使入朝

撫治荆襄流民
秋七月黑眚見
九月令太監汪直刺事
冬十月京師地震
十一月南京大雷雨

丁酉十三年
春正月置西廠以太監汪直領之
初成祖置東廠令宦官訪緝逆謀大奸與錦衣衛均權勢至是尚銘領東廠又別立西廠刺事以汪直督之所領緹騎倍東廠勢遠出衛上
夏六月斥兵部尚書項忠爲民謹身殿大學士商輅引疾歸

項忠致仕
忠嘉興人正統七年進士達練吏事曉暢軍務家居二十六年卒贈太子太保謚襄毅

以汪直刺事商輅率同官項忠倡九卿劾之直銜之而戴縉等迎合直意而搆陷之也

秋八月錦衣衛執工部尚書張文質下獄帝釋之

九月京師地震

戊戌 十四年

春二月皇太子出閣就學

夏六月太白歲星同晝見

秋九月河決開封遷滎澤縣城於河北以避水患

己亥 十五年

夏四月

以方士李孜省爲太常寺丞

五月下兵部侍郎馬文升

於獄謫戍

文升字負圖鈞陽人景泰二年進士生有異質爲御史巡晉楚有名

辛丑

十七年

夏四月命司禮監同法司錄囚

時司禮監懷恩也

秋七月雷震郊壇承天門

冬十月

以道士鄧常恩爲太常卿

壬寅

十八年

春二月罷西廠

夏四月

罕慎復哈密城

罕慎都督攝哈密王事把搭木兒之

六月

秋八月大水

衛漳滹沱並溢渰死數萬人

祖因土番阿力襲據哈密城罕慎等寄居苦峪十年至是率所屬兵襲復之

韃靼寇延綏擊敗之

癸卯 十九年

夏六月

秋九月召陳獻章爲翰林院檢討尋乞歸

獻章字公甫廣東新會人正統十二年舉人穎悟絶人讀書一覽輒記聞康齋講伊洛之學遂棄其學而學焉

韃靼寇大同官軍敗績

甲辰 二十年

夏六月旱

京畿山東湖廣陝西河南山西俱大旱

秋九月朔日食

乙巳 二十一年

春正月朔星殞有聲詔羣臣言闕失

三月泰山震 時太監梁芳韋興說萬貴妃勸帝廢太子而立興王會泰山震占者謂應在東宮帝懼寢其事

秋八月朔日食

九月劉珝罷

冬十一月召馬文升爲兵部尚書

十二月以彭華爲吏部左

劉珝罷 珝壽光人正統十三年進士秉心不疑諒直無顧卒贈太保謚文和

侍郎入內閣預機務
華大學士時族弟也與萬安李孜省相結得入閣明年逐尹旻羅璟人皆望而畏之踰年得風疾去

丙午

二十二年

秋九月罷南京兵部尚書王恕出馬文升代之恕三原人正統十二年進士

以戶部左侍郎尹直入內閣預機務

逮廣東布政使陳選道卒選臨海人天順三年進士學醇行方節財愛民爲中貴所誣逮公赴京徒步人哭留者千萬計卒贈光祿卿謚恭愍

遣刑部侍郎何喬新聽訟播州喬新江西廣昌人景泰五年進士何文淵之子

丁未

二十三年

春正月貴妃萬氏卒

秋八月帝崩

九月太子祐樘卽位
冬十月尊皇太后爲太皇太后皇后爲皇太后立皇后張氏
萬安罷
追謚母紀氏爲孝穆皇太后
以禮部侍郎徐溥入內閣預機務
十一月召王恕爲吏部尚書
以馬文升爲左都御史
尹直罷以劉健爲禮部侍郎入內閣預機務
葬茂陵

逮梁芳李孜省等下獄孜省死于獄

孝宗敬皇帝 名祐樘憲宗子在位十八年壽三十六歲

戊申 弘治元年

春正月

二月帝耕藉田

罷選淑女

三月帝視國子監

御經筵命儒臣日講

冬十月

起用言事降謫諸臣

己酉 二年

春二月

以何喬新爲刑部尚書

下監察御史湯鼐于獄戍之

封哈密衛罕慎爲忠順王

土魯番殺忠順王罕慎復據哈密

年	紀事			外國
	以馬文升爲兵部尚書提督團營 夏五月河決開封入沁河 冬十二月朔日食 賜故少保于謙諡忠愍		馬文升爲兵部尚書	
庚戌 三年	春三月設預備倉 每十里積粟萬石三年一次查盤府州縣及軍衛官視此升黜 冬十一月有星孛於天津 詔羣臣言闕失 京師地震			安南王黎灝死子暉嗣僭號景統
辛亥 四年	夏六月地復震			

秋八月

九月

冬十月以禮部尚書邱濬兼文淵閣大學士尚書入閣自濬始

十二月鳳陽陵火延九十餘里

戶部奏是歲天下戶口之數戶九百十一萬三千四百四十六口五千三百二十八萬四千一百五十八

壬子 五年

罷何喬新

以彭韶為刑部尚書韶莆田人天順元年進士有經術練吏事純懿貞方並負重望

土魯番以哈密來歸

春三月立子厚照為皇太子

夏五月求遺書

秋八月劉吉罷

冬十月更中鹽法

洪武初以大同糧儲路遠費重令商人于大同倉入米一石太原倉入米一石三斗給長蘆鹽一引引二百斤鬻畢即以原引赴所在繳之謂之開中至成化始以銀易米也然未嘗著為令也至是召商納銀令運司類解太倉分給諸邊每引輸銀三四錢有差視國初直加倍太倉銀累至數百萬然赴邊開中之法廢商屯撤業菽粟翔貴邊儲日虛矣

十一月停納粟例

癸丑 六年

安南暉死子敬嗣僭號泰貞未踰年而死遺命立其弟誼僭號端慶

春二月河決張秋以劉大夏治之
夏四月
閏五月
秋八月京師大雨雹

錄常遇春李文忠鄧愈湯和裔世襲指揮使

王恕罷

彭韶罷

土魯番復據哈密
初土番以哈密交歸詔封元裔陝巴為忠順王欲以鎮諸番未幾諸番需索不得阿黑麻率兵夜襲哈密執陝巴去

甲寅
七年
春三月命兩畿捕蝗
秋七月京師地震
八月以李東陽為禮部侍郎兼翰林學士典誥勅
九月南京地震

以李東陽為禮部侍郎兼翰林學士典誥勅

乙卯 八年

春二月朔日食

武英殿大學士邱濬卒

濬字仲深瓊山人景泰五年進士公天資過人孤貧力學經史百家箋疏古今文詞至卜醫老釋外家小說靡不覽觀

以禮部侍郎李東陽少詹事謝遷入內閣預機務

東陽茶陵人天順八年進士遷餘姚人成化十一年修撰

秋七月以宋楊時從祀孔廟

丙辰 九年

冬十二月刑部吏徐珪請

安南臣阮种阮伯勝等弒其主誼其酋黎廣度等與國人聲其罪盡誅阮氏黨與表立故國王黎灝第二子珸之子賙詔許之

初灝生二子長卽暉次子珸僖封錦江王暉生敬誼珸生灝賙誼被害時珸與灝俱先死故國人立賙而灝之子譓及弟愿以兄不得立

華東廠黜爲民

丁巳 十年

春三月召大臣議政文華殿

夏五月

六月

小王子寇潮河川

命戶部侍郎劉大夏督理宣大軍餉起王越總制三邊軍務

帝元年小王子奉書求貢自稱大元大可汗許之自是與伯顏猛可及北部亦卜剌因王火篩等往來套中出入爲寇諸虜相倚日強遼東宣大延綏俱被殘詔起越總制甘涼軍務

冬十月

餚閱禁兵

戊午 十一年

明孝宗弘治十三年

春三月皇太子出閣講讀 秋七月 九月華蓋殿大學士徐溥罷 溥性凝重有度在政府十二年屢遇大獄及逮言官委曲調劑 冬十月清寧宮災 太皇太后宮也 十一月朔日食		王越襲小王子于賀蘭山破之 徐溥罷	
己未 十二年 夏四月			火篩寇大同
庚申 十三年 夏五月朔日食			

六月

秋七月京師地震

火篩寇大同

辛酉十四年

春正月朔陝西河南山西地震

朝邑震十七日壞廬舍壓死人畜無算

夏四月

火篩及小王子連兵入寇

秋七月掌國子監禮部侍郎謝鐸上言請澄國學之源

言人才選之科貢然恐未精奈何大開旁徑如納馬納粟之例即他日貪利害民之媒今邊事方殷謀國之徒必有以此策獻者萬一再行則彝倫之堂竟爲錢虜交易之地豈不大可恥哉

九月朔日食
冬十月
十二月

以馬文升爲吏部尚書劉大夏爲兵部尚書

火篩等出河套

壬戌 十五年
秋九月朔日食

癸亥 十六年
秋九月桃李華

甲子 十七年
春三月太皇太后周氏崩
定祔廟制
先是帝召劉健等議祔葬禮健等對曰先年奏議已定孝莊太后居左今大行太皇太后居右合附裕陵配享英廟

乙丑 十八年

其實漢以前惟一帝一后唐始有二后宋有三后並附者一繼立一所生母也帝曰二后已非三后尤非禮也朕惟孝穆太后朕生身母別祀于奉慈殿今朕欲奉太皇太后于仁壽宮前殿他日奉孝穆太后于後殿其詳議之吳寬等議曰魯頌姜嫄閟宮春秋考仲子之宮皆爲別廟自漢唐以來亦然宋始有並附祭者原屬非禮然皆諸帝繼室生前作配非後世子孫嗣位追尊所生之比惟宋李宸妃仁宗悲慟追祔祭實不合禮于是奉孝肅周太后于奉慈殿中室孝穆紀太后居左中外稱合禮焉

夏四月葬孝肅皇后於裕陵

六月雨雪

火篩入大同

春正月
二月御經筵
夏五月庚寅帝大漸召劉
健李東陽謝遷受顧命
辛卯崩太子厚照即位
秋八月尊皇太后爲太皇
太后皇后爲皇太后
冬十月葬泰陵

小王子入寇

武宗毅皇帝
名厚照孝宗子在位十六年壽三十一

丙寅 正德元年
夏四月
秋八月立皇后夏氏
冬十月以劉瑾掌司禮監

吏部侍郎馬文升罷以焦芳代之

華蓋殿大學士劉健武英殿大學士謝遷戶部尚書韓文並罷

健字希賢洛陽人天順四年進士公學問深粹行淳履正文字貫道洪洞人成化三年進士清心寡慾凝厚純粹居常抑抑臨大事斧斷霆擊之死不撓

以焦芳爲文淵閣大學士吏部侍郎王鏊入內閣預機務

丁卯 二年

春正月朔日食

三月劉瑾矯詔榜奸黨於

朝堂

劉健謝遷既去瑾猶爲詔列健遷及韓文李夢陽王守仁

等五十三人爲姦黨榜示朝堂

夏五月復寧王宸濠護衛

秋八月作豹房

帝爲羣閹蠱惑于西華門外作豹房朝夕處其中

冬十月以楊廷和爲文淵閣大學士

戊辰

三年

夏六月劉瑾執朝士三百餘人下獄

有遺匿名書于御道數瑾罪者因有此獄

秋九月

逮前兵部尚書劉大夏下獄戍肅州

大夏華容人天順三年進士初以鎮守中官董讓等貪殘請按治帝不能用致仕歸劉瑾與焦芳譖于帝曰籍

大夏家可當邊費十二遂文致其罪乃下獄論死李東陽爲救解瑾詞大夏家極貧乃坐戍極邊時大夏年已七十三矣

己巳 四年

夏四月王鏊罷

鏊字濟之吳人成化十一年進士公清文高節守道見幾與焦芳同在內閣劉瑾横甚而芳專媕阿鏊不能救乞休去家居十四年廷臣交薦不起年七十五卒謚文恪

六月以劉宇爲文淵閣大學士張綵爲吏部尚書

秋

小王子寇延綏

庚午 五年

春二月以曹元爲文淵閣大學士

三月

以洪鐘總制川陝河

明武宗正德五年

夏四月

五月焦芳罷

六月帝自稱大慶法王

帝於佛經梵語無不通曉自稱大慶法王其後習韃靼語自名忽必烈習回回語自名妙吉敖爛習番僧語自名領古雅丹

秋八月劉瑾伏誅

楊一清與張永畫策誅之也

曹元以罪免

九月以劉忠梁儲爲文淵閣大學士

安化王寘鐇反遊擊將軍仇鉞討平之

寘鐇慶靖王曾孫也與其黨周昂等潛蓄異謀

南鄭陽軍務

儲廣東順德人

辛未 六年 春正月以楊一清爲吏部尚書

一清雲南安寧州人父徙丹徒年八歲以奇童爲秀才成化八年進士生而隱宮貌類寺人學博才雄應變濟務尤暢邊事好汲引人才

夏五月前兵部尚書劉大夏卒

贈太保諡忠宣

冬十一月劉忠罷以費宏爲文淵閣大學士

壬申 七年 秋八月賜義子一百二十

劉大夏卒

七人並姓朱氏帝所悅中宮奴卒輒收爲義子亡虜亦與焉並賜國姓

冬十一月詔大同宣府遼東延綏四鎮兵留京營

十二月李東陽罷初與劉健謝遷等請誅瑾健遷詞色甚厲而東陽少緩故健遷去東陽獨留至是以老疾乞休家居四年卒贈太師諡文正

癸酉 八年

秋八月

土魯番據哈密

甲戌 九年

春正月乾清宮災

二月以靳貴爲文淵閣大學士

夏五月費宏罷
秋八月朔日食○京師地震
冬十一月

廢歸善王當沍爲庶人當沍自殺

乙亥 十年
春正月帝有事于南郊逮暮成禮
夏閏四月以楊一清爲武英殿大學士
十二月朔日食

丙子 十一年
夏大旱
秋八月楊一清罷
以蔣冕爲文淵閣大學

以王守仁爲僉都御史巡撫南贛汀漳

安南鄭惟鏳鄭綏與其黨陳真弑其主賙而立譓僭號光紹

士

鄭綏瀕之妻父鄭惟鐘譖之妻父是時鄭強且握柄于國立賙原非其意賙既立多行不義鄭惟鐘弑之

丁丑十二年

春正月帝祀南郊遂獵於南海子

夏四月靳貴罷

五月以毛紀爲東閣大學士

六月朔日食

秋八月帝微行至宣府

安南臣阮宏裕等討鄭氏鄭氏出奔莫登庸諷羣臣推己典兵

登庸荊門人世業漁以武舉爲都將陳暠參督歸黎譓累戰功封武川伯鎮海陽路譓左右入柄軍政加太傅封仁國公既得志漸除譓左右易所親信防守之

九月帝自稱總督軍務威武大將軍總兵官
冬十一月召楊廷和復入閣
初廷和以憂去

戊寅
十三年
春正月帝還京師留十四日復如宣府
二月太皇太后王氏崩
帝還京師
夏五月朔日食
六月葬孝貞皇后
秋七月帝自加封鎮國公
復如宣府

王守仁平江西賊
破賊巢三十有八斬首三千有奇四道積年逋寇悉平

己卯
十四年

	春二月帝還京師 京師地震 帝自加太師勑諭南巡 夏六月宸濠舉兵反 秋八月帝自將擊宸濠 冬十二月帝如南京	寧王宸濠反	宸濠舉兵反王守仁討平之
庚辰	十五年 秋閏八月帝發南京 九月漁于積水池遂有疾 帝至清江浦幸太監張陽第踰三日泛小舟漁于積水池舟覆左右掖帝出自是遂不豫 冬十月至通州 十二月誅宸濠帝還京師		
辛巳	十六年		

春三月朔日食
帝崩于豹房
夏四月迎興王厚熜至京
師入即位
帝之未至京師也楊廷和總
朝政三十七日中外倚以爲
安及草登極詔革正德中弊
政恤錄言事諸臣中外大悅
召費宏復入閣
詔議崇奉興獻王典禮
因楊廷和等執奏再三乃稱
孝宗曰皇考慈壽皇太后曰
聖母興獻帝后止稱本生父
母三年春尊興獻帝爲本生
皇考恭穆獻皇帝興國太后
爲本生聖母章聖皇太后
五月梁儲罷
以袁宗皋爲文淵閣大
學士

江彬有罪下獄

江彬伏誅

九月葬康陵

世宗肅皇帝

名厚熜憲宗之孫興獻王之子在位四十五年壽六十

壬午 嘉靖元年

春二月

三月上皇太后尊號幷上武宗皇后尊號

秋九月立皇后陳氏

甘州軍亂殺巡撫許銘

安南譓潛起兵攻莫登庸反爲所敗出奔清華登庸乃僞立㦖亡何酖㦖并其母殺之而自立國號大越改元明德

時譓尚據清華廣南等四處登庸立其子方瀛居守自稱太上皇率兵攻譓譓竄入哀牢國憤死子寧甫七歲故臣共立之于漆馬江鄭惟僚以黎室命來請兵以仇讎毛伯温蔡經等分兵入討

冬十一月壽安皇太后邵
氏崩

癸未
二年
春正月葬孝惠皇太后於
茂陵
歲星太白同晝見
夏四月旱
閏月帝始修醮於宮中
秋七月南畿大水

劉忠卒
毛澄罷

甲申
三年
春正月兩畿河南山東陝
西同時地震
二月楊廷和罷
廷和新都人成化十四年進士公以少師進太傅力諍大禮去削籍其子慎正德六年進士第一人亦以論大禮杖

闕下謫戍雲南

夏五月蔣冕罷以石瑤爲
文淵閣大學士

秋七月詔稱獻皇帝爲皇
考羣臣伏闕諫戍學士
豐熙等於邊杖員外郎
馬理等于廷

自是孝宗遂改爲皇伯考矣○按宋眞宗咸平元年禮院言太祖廟宜稱皇伯有詔集議張齊賢等曰天子絕旁期廟中安得有皇伯之稱爲人後者謂之子所以尊本祖而重正統也請自今有事于太廟太祖室宜稱孝孫太宗室宜稱孝子夫太宗以太祖爲父常情鮮不驚駭揆以三傳譏先禰後祖之義則張公實古之達禮者春秋文公二年大事于太廟躋僖公公羊曰譏逆祀也先禰而後祖也何

休註僖公以臣繼閔公猶子繼父故閔公于文公爲祖穀梁曰先親而後祖也楊士勛疏親謂僖公祖謂閔公左傳子雖齊聖不先父食杜註臣繼君猶子繼父胡安國傳曰兄弟不先君臣故三傳同以閔公爲祖僖公父視閔公爲禮徐氏乾學曰僖雖閔之庶兄而既承其統則降而爲子矣閔雖文之從父而既子乎傳則尊而爲祖矣王侯之家臣子一例生可以諸父昆弟爲臣則其死豈不可以諸父昆弟爲子閔公之薨僖公行三年之喪是子爲父之服既服子之服豈不可正子之名三傳俱指閔僖爲父子有明證也據此非特不當考興獻並不當考孝宗當考武宗此不易之論也

毛紀罷

爲請宥伏闕諸臣罪也

八月以賈詠爲文淵閣大學士

冬十二月起楊一清爲兵部尚書總制三邊

乙酉 四年

春正月仁壽宮災

作世廟後更名獻皇帝廟

秋八月營仁壽宮

南畿地震是歲天下地震凡六十有三

冬閏十二月朔日食

丙戌 五年

夏五月召楊一清復入閣

大同軍亂殺巡撫張文錦

起楊一清總制三邊

秋九月章聖皇太后有事

于太廟世廟

丁亥 六年

春二月

費宏石瑤罷○召謝遷

復入閣

三月前少保謹身殿大學

士劉健卒

健致仕家居帝登極屢賜存問比之司馬光文彥博卒年九十有四贈太師謚文靖

以翟鑾爲吏部侍郎入

內閣預機務

夏五月朔日食

以羅欽順爲吏部尚書

辭不拜

劉健卒

王守仁撫降田州蠻

小王子寇宣府

欽順見璁蕚用事屢召不起潛心格致之學卒謚文莊 秋八月下刑部尚書顏頤壽等于獄貶詠罷 以桂蕚爲禮部尚書 冬十月以張璁爲文淵閣大學士 璁後改名孚敬永嘉人正德十五年進士	戊子 七年 春二月 三月謝遷罷 夏六月頒明倫大典于天下削前華蓋殿大學士楊廷和籍
	起王瓊爲兵部尚書總制三邊 瓊係蕚璁輩人

明倫大典即大禮集議成璁萼等請彙爲全書幷備書大臣進退百官讜讁以頒示天下

秋九月

冬十月皇后陳氏崩

十一月立妃張氏爲皇后

王守仁平斷藤峽猺

土魯番寇肅州王瓊請令入貢詔許之

己丑 八年

春正月兵部尚書兼左都御史新建伯王守仁卒

二月以桂萼爲武英殿大學士

三月葬悼靈皇后于襖兒峪

王守仁卒

守仁餘姚人弘治十二年進士公智計絕人用兵神祕討賊平逆所向有功講格致之功當返諸心不當求諸事物故其爲教以致良知爲主

夏六月前少師華蓋殿大學士楊廷和卒隆慶初贈太保謚文忠

秋八月張璁桂萼罷九月召張璁還楊一清罷

冬十月朔日食

復召桂萼入閣

庚寅九年

春三月皇后親蠶于北郊

夏四月前華蓋殿大學士楊一清卒為璁萼所軋疽發背死久之復其官謚文襄

冬十一月更定孔廟祀典

尊孔子曰至聖先師

戊刑部員外郎邵經邦于邊衛因日食之災疏張桂不當復用也

張璁言孔子宜稱至聖先師不稱王宜用木主配位公侯伯之號宜去止稱先賢先儒

辛卯

十年

春正月桂萼罷

萼性狠愎搆害不下數十百人

夏六月雷震午門

閏月前少傅武英殿大學士謝遷卒

秋七月張孚敬罷

即璁以犯帝嫌名請改

九月以李時爲文淵閣大學士

自張桂與費宏楊一清相傾軋讙囂不已孚敬罷翟鑾獨秉政兩月李時入兩人遜順無齟齬政府稍寧

以夏言為禮部尚書諸事取決于言翟李充位而已

冬十一月召張孚敬復入閣

壬辰 十一年

春正月祈穀於圜丘命武定侯郭勛攝事遣代自此始

夏五月以方獻夫為武英殿大學士

秋八月彗星見東井

張孚敬罷

癸巳 十二年

春正月召張孚敬復入閣

秋八月朔日食
冬十月下建昌侯張延齡于獄削昌國公張鶴齡爵
鶴齡延齡皆昭聖皇太后弟也

大同兵亂殺總兵官李瑾

甲午

十三年
春正月廢皇后張氏立德妃方氏爲皇后
夏四月方獻夫罷
六月南京太廟災

乙未

十四年
春正月莊肅皇后夏氏崩
武宗皇后帝嫂也
二月作九廟

三月葬孝靜皇后

夏四月張孚敬罷

孚敬持身廉痛惡贓吏苞苴路絕惟性狠愎欲力破人臣私黨而己先爲黨魁帝以議禮故始終恩眷常稱少師蘿山而不名

召費宏復入閣

九月華蓋殿大學士費宏卒

宏恭慎謙抑明習國家故事持重得大體三入政府以功名終卒贈太保諡文憲

遼東軍亂因巡撫呂經

丙申 十五年

春正月

以劉天和爲兵部左侍郎總制三邊

吉囊大舉入寇劉天和遣將擊敗之

夏五月毀禁中佛殿

冬十二月

以夏言爲武英殿大學士

以道士邵元節爲禮部尚書

既毀佛殿又寵道士總因其惑之未解也

時小王子稍厭兵徙幕東方分諸部落在西北邊其衆曰吉囊曰俺答者皆于小王子爲從父行雄黠喜兵居河套爲諸部長相率蹂躪諸邊

丁酉 十六年

夏五月雷震謹身殿

冬十一月故昌國公張鶴齡下獄死

奸人班期于雲鶴告延齡兄弟挾左道咒詛逮鶴齡下詔獄太后衣敝襦席藁爲請不得鶴齡瘐死獄中

戊戌 十七年

夏六月詔議明堂大饗禮下戶部侍郎唐胄于獄以胄疏獻皇帝不得稱宗配天也

秋八月以顧鼎臣爲文淵閣大學士

九月尊獻皇帝號睿宗祔於太廟

冬十一月章聖太后蔣氏崩

李時卒

李時卒

己亥十八年

春二月立子載壡爲皇太子

封載垕爲裕王載圳爲景王

起翟鑾爲兵部尚書行邊

以曾子裔孫質祥爲世襲五經博士

帝如承天謁顯陵
夏四月還京師
彗星見
六月雷震奉先殿
秋閏七月葬慈孝皇后

庚子 十九年
春正月召翟鑾復入閣
秋八月殺太僕卿楊最 帝聽方士言欲服食求仙最抗疏諫之帝怒下獄杖殺之隆慶初贈最副都御史謚忠節
九月劉天和敗吉囊于黑水苑斬其子小十王
冬十月顧鼎臣卒

辛丑 二十年
春二月下監察御史楊爵於

夏四月
九廟災
秋八月昭聖皇太后張氏崩
冬十月葬孝康皇后

獄
帝經年不視朝日事齋醮爵諫之觸其怒下獄

置安南都統使司
毛伯溫督師抵廣徼諭登庸入鎮南關上土地軍民籍請永為藩臣帝喜詔改安南國為安南都統使司授登庸都統使

壬寅
二十一年
秋七月朔日食
夏言罷以嚴嵩為武英殿大學士
嵩分宜人無他才略惟一意媚上竊權罔利帝英察自信果刑戮頗護己短嵩以故得因事激帝怒戕害人以成其

俺答寇山西
時吉囊已死諸子狠台吉等散處河西勢分惟俺答獨盛屢使求貢大同巡撫龍大有誘縛其使詭言用計擒獲詔磔于市敵怒舉兵大寇

私誅斥者不可勝計

九月作雷壇錮工部員外郎劉魁于獄

冬十月宮婢楊金英謀逆伏誅殺端妃曹氏

帝宿曹妃宮宮婢楊金英伺帝熟寢以組縊帝項未絕有走告后者后馳救得甦后命捕宮人雜治知王寧嬪實首謀又言端妃亦與知時帝疾悸不能言后傳旨收端妃等悉磔于市久之帝始知妃冤

癸卯 二十二年

春正月朔日食

冬十月

朵顔入寇

甲辰 二十三年

秋八月翟鑾罷

九月以許讚爲文淵閣大學士張璧爲東閣大學士

時大權一歸嚴嵩讚璧不得預票擬

冬十月

十一月

加方士陶仲文少師

小王子入寇

乙巳

二十四年

夏五月朔日食

前少師華蓋殿大學士毛紀卒

紀歷事四朝持正不阿家居三十年卒諡文簡

秋八月張璧卒

九月召夏言復入閣

帝微覺嵩貪橫復召用言言至直陵嵩出其上凡所批答

楚世子英耀弒其父顯榕伏誅

毛紀卒

張璧卒

冬十一月許讚罷略不顧嵩嵩銜刺骨

丙午 二十五年
春三月
夏四月
秋八月天鼓鳴
冬十月故建昌侯張延齡棄市

丁未 二十六年
秋七月河決曹縣
冬十一月大內火釋楊爵等於獄
皇后方氏崩

四川白草番亂遣何卿討平之

以兵部侍郎曾銑總督陝西三邊軍務

戊申 二十七年

春正月夏言罷

三月

夏五月葬孝烈皇后於永陵

秋七月京師地震

冬十月殺前華蓋殿大學士夏言

會俺答寇居庸嵩謂夏言曾銑等收復河套故報復至此遂殺言妻蘇氏流廣西子孫削籍隆慶初詔復言官諡忠愍

殺總督侍郎曾銑

初仇鸞鎮甘肅以貪贖爲銑所劾遂逮繫嵩雅親鸞至是代鸞草奏誣夏言納銑金坐銑交結近侍律斬西市妻子流二千里並逮言下吏出鸞于獄

己酉 二十八年

春二月以張治爲文淵閣大學士李本爲少詹事入內閣預機務

三月朔日食○皇太子載壡卒

秋七月

俺答寇宣府大同總兵周尚文擊敗之

倭寇浙東

舊制浙江設市舶提舉司海船至則平其直及嘉靖初廢提舉不設奸人闌出中國財物與番互市初猶商主之及嚴通番禁遂移之貴官勢家頗抑勒其直倭怨糾黨入掠巡撫朱紈捕通番九十餘人斬之而言官劾紈紈暴卒亂益甚終嘉靖世無寧日

九月

朵顏三衛犯遼東

庚戌 二十九年

秋八月俺答犯京師

寇薄都城諸營兵城守僅老弱四五萬人索武庫甲仗奄勒賄不時發久之不能軍大同保定各率兵至制下犒師牛酒諸費無所出戶部文移往復越二三日軍士始得數餅餌帝趣戰甚急丁汝夔以咨嚴嵩嵩曰塞上敗可掩輦下敗不可掩寇飽自颺去耳鸞等又不敢戰寇焚掠三日始引去

九月以仇鸞總督京營戎政

廢鄭王厚烷爲庶人

帝修齋醮諸王爭遣進者獨王上居敬窮理克己存誠四箴演連珠十章以神仙土木爲戒帝怒下其使于獄孟津王祐橏遂許厚烷謀不軌訊無左驗廢爲庶人幽之鳳陽其世子載堉痛父非罪見繫築土室宮門外席藁獨處者十九年隆慶初厚烷復爵載堉始入宮

謫中允趙貞吉爲荔波典史

俺答犯京師

	冬十月張治卒 十一月祧仁宗祔孝烈皇后于太廟			
辛亥	三十年 春正月 三月開馬市于大同宣府 （楊繼盛劾仇鸞開馬市之弊詔貶狄道典史） 秋九月京師地震		戍錦衣衛經歷沈鍊于邊 （以劾嚴嵩黷賄暨夏邦謨諂諛狀也）	
壬子	三十一年 春三月以徐階爲東閣大學士 秋七月 八月仇鸞死詔戮其屍 九月罷馬市		以王忬巡撫浙江備倭	

	冬十月築京師外城 以寇警故築外城一十五里閏九月訖工		
癸丑	三十二年 春正月朔日食不見 秋七月俺答大舉入寇 警報日數十至京師戒嚴薊遼總督楊溥力禦之乃遁		俺答大舉入寇
甲寅	三十三年 春正月 夏五月	杖六科給事中于庭 以賀表違制盡予杖 命張經總督江浙軍務討倭	
乙卯	三十四年 春二月 冬十月	遣趙文華督視海防 殺兵部尚書張經	

文華詔事嚴嵩結爲父子東南倭患敕文華請遣大臣祭東海帝即命文華往兼督察軍情文華特寵恣雎又牽制兵機至江南屢趣經進兵經恐洩師期不以告文華怒劾經養寇失机疏方上經大破倭于王江涇文華擴其功謂己與胡宗憲督師所致嚴嵩從中構之遂逮經下獄至是斬西市

殺兵部員外郎楊繼盛

帝既罷馬市乃思繼盛言自典史四還復爲員外郎繼盛復劾嚴嵩十罪五姦嵩密搆于帝下繼盛詔獄備極慘酷論死繫三載會張經李天寵坐大辟嵩知帝意必殺二人因附繼盛名並奏繼盛妻張氏上書請代夫死嵩屏不上遂斬西市臨刑詩曰浩氣還太虛丹心照千古生平未報恩留作忠魂補天下涕泣傳誦之○繼盛容城人

十一月朔日食
山西陝西河南地震

丙辰 三十五年
春三月
夏五月
秋九月

徽王載埨有罪廢爲庶人自殺
載埨性淫虐

以趙文華爲工部尚書胡宗憲總督軍務
復遣趙文華視師
已命沈良材矣嵩令文華自請行既而胡宗憲俘陳東平徐海文華以大捷聞帝喜加文華少保

丁巳 三十六年
夏四月奉天華蓋謹身三殿災
秋九月

趙文華有罪黜爲民

冬十一月

其子懌思戍邊（帝聞其視師江南黷貨要功狀）

殺前錦衣衛經歷沈鍊

胡宗憲誘降海盜汪直誅之

辛愛圍大同右衛

辛愛俺答子

戊午 三十七年

冬十月禮部進瑞芝（進一千八百六十本）

己未 三十八年

春二月

秋七月南京地震

辛愛寇灤河

庚申 三十九年

春正月

以鄢懋卿總理鹽政（舊制無一人總四運司者至是懋卿）

二月

以嚴嵩力爲之所至市權納賄勢焰薰灼淳安縣知縣海瑞供帳簡抗言貧邑不能容軒車鄢懋巡鹽御史劾之削籍

南京兵亂殺總督糧儲侍郎黃懋官

辛酉 四十年

春二月朔日食

三月太白晝見

秋七月朔日食

冬十一月以袁煒爲武英殿大學士

萬壽宮災

景王載圳之國

初莊敬太子薨廷臣言裕王次當立不報帝晚年信方士語二王不得見載圳年少左右頗懷覬覦至是之國德安居四年薨無子國除

壬戌 四十一年
夏五月嚴嵩以罪免其子
世蕃下獄
秋九月三殿災
冬十一月分遣御史求方
書

倭陷興化府總兵俞
大猷副總兵戚繼光
擊破之

癸亥 四十二年
冬十月

辛愛把都兒入寇
京師戒嚴

甲子 四十三年
春二月
夏五月朔日食

伊王典楧有罪廢爲
庶人國除
典楧強橫

乙丑 四十四年
春三月袁煒罷

嚴世蕃伏誅

嚴世蕃伏誅

夏四月以嚴訥李春芳爲武英殿大學士

冬十一月嚴訥罷

世蕃戍雷未至而返勢焰益熾袁州推官郭諫臣巡按御史林潤盡發其罪狀遂棄市籍其家

丙寅 四十五年

春二月

三月以郭樸爲武英殿大學士高拱爲文淵閣大學士

樸拱皆由徐階薦召入直廬至是入閣

夏四月朔日食

六月旱

下戶部主事海瑞于獄

瑞疏言朝政日弛玄修謬妄下獄論死會帝有煩悶疾穆宗嗣位乃釋之

冬十月

十一月帝有疾

以服方士王金等所獻丹藥故也

十二月帝崩裕王載垕即位

徐階草遺詔召用建言諸臣死者卹錄方士付法司論罪一切齋醮工作及政令不便者悉罷之

俺答寇大同

穆宗莊皇帝

名載垕世宗子在位六年壽三十六歲

丁卯

隆慶元年

春正月罷睿宗配享明堂

追尊母杜氏爲孝恪皇太后

二月立皇后陳氏

以陳以勤爲文淵閣大學士張居正爲東閣大學士
以勤居正俱侍裕邸講讀至是並參大政

三月葬永陵
孝潔肅皇后孝恪皇太后同祔

夏四月御經筵
五月高拱罷
秋八月帝視國子監
九月郭樸罷
冬十月

戊辰 二年
春二月帝耕籍田
三月立子翊鈞爲皇太子
京師地震

以王崇古總制三邊

俺答寇山西

夏五月

秋七月徐階罷

帝即位以來階所持諍多宮禁事行者十八九中官多側目階引疾求退許之

冬十月

以都督同知戚繼光鎮薊門

繼光至鎮議建敵臺一千二百所臺宿百人二千里間聲勢相接節制嚴明器械堅利薊門軍容遂爲諸鎮冠

遼王憲爀有罪廢爲庶人國除

御史郜光劾其淫虐僭擬遣洪朝選勘實免之

己巳三年

秋八月以趙貞吉爲文淵閣大學士

冬十二月命廠衞刺部院

事

召高拱復入閣

拱性强直自遂頗快恩怨及再入閣盡反徐階所爲○拱新鄭人

庚午 四年

春正月朔日食

夏四月京師地震

秋七月陳以勤罷

八月河決邳州

冬十月

十一月趙貞吉罷

以殷士儋爲文淵閣大

罷戶部尙書劉體乾

李成梁爲遼東總兵官

俺答孫把漢那吉內附詔授指揮使尋遣歸

學士

辛未 五年
春三月
夏五月李春芳罷
六月京師地震
冬十月河南山東大水
十一月殷士儋罷

封俺答爲順義王

壬申 六年
春閏三月帝有疾
夏四月以高儀爲文淵閣
大學士
五月帝崩
六月朔日食
太子翊鈞卽位
罷中極殿大學士高拱

高儀卒
儀性簡靜寡嗜好入閣兩月卒貧無以為殮謚文端
以呂調陽為文淵閣大學士
尊皇后為仁聖皇太后貴妃李氏為慈聖皇太后
舊制天子立尊皇后為皇太后若有生母稱太后者則加徽號以別之馮保太監欲媚帝生母李貴妃諷居正以並尊居正不能違也
帝御文華殿講讀
秋九月葬昭陵
冬十二月以宋儒羅從彥李侗從祀孔子廟

神宗顯皇帝

（名翊鈞穆宗子在位四十八年壽五十八歲）

癸酉 萬曆元年

春二月御經筵

男子王大臣入乾清宮伏誅

（初馮保欲緣王大臣陷高拱欲令家人辛儒教之納刃其袖中但言自高閣老處來欲陰行刺上既而會葛守禮朱希孝等會訊大臣吐實言自馮保來前言自高拱者出保口所有光刀亦保僕辛儒所給保懼以生漆酒瘖大臣移付法司坐斬拱得白）

秋九月

以方逢時總督宣大軍務

冬十二月

朵顏長秃犯塞總兵官戚繼光擊擒之

（繼光在鎮十六年薊門守甚固敵無）

		由入盡轉而之遼故李成梁獨擅戰功	
甲戌	二年 春正月召見朝覲廉能官于皇極門 秋八月淮揚徐河海並溢		
乙亥	三年 夏四月朔日食既 秋八月以張四維爲東閣大學士 河決碭山 冬十月京師地震		
丙子	四年 春二月開草灣河 秋八月帝視國子監 河決崔鎮		

明神宗萬曆四年

丁丑 五年
夏四月
秋閏八月朔日食不見
冬十月彗星見

兵部尚書譚綸卒 諡襄敏綸三十年始終兵事與戚繼光齊名

兵部尚書王崇古罷

戊寅 六年
春二月
立皇后王氏
三月以馬自強爲文淵閣大學士申時行爲東閣大學士
秋七月呂調陽罷
冬十月馬自強卒
十二月高拱卒復其官

以潘季馴總理河漕

馬自強卒

高拱卒

拱練習政體所建白多可行初在吏部遍識諸司賢否倉卒舉用皆得人始與張居正善亟稱其才至是卒居正奏復其官謚文襄

戶部奏天下戶口之數

戶一千六十二萬一千四百三十六口六千六十九萬二千八百五十六

己卯 七年

春正月毀天下書院

時士大夫競講學張居正特惡之盡改各省書院爲公廨

夏四月張居正上肅雝殿箴

庚辰 八年

夏四月

迤東都督王兀堂寇

六月南畿大水
秋七月

邊李成梁擊敗之

後軍都督府兪大猷卒
大猷負奇節以古賢自期其用兵先計後戰不貪近功所在成功謚武襄

辛巳
九年
夏四月
京師旱南畿饑

戎政尚書方逢時罷
逢時才略明鍊處置邊事悉協機宜至是以老病乞休去其功名與王崇古等人稱方王

壬戌
十年
春正月免天下逋賦
三月
夏四月京師旱疫○彗星見
六月朔日食○加張居正

速把亥寇義州李成梁擊斬之

太師○以潘晟爲武英殿大學士余有丁爲文淵閣大學士

晟性貪鄙

太師中極殿大學士張居正卒

贈上柱國諡文襄居正當國務尊主權覈名實神宗初政起衰振惰幾於富强然持法嚴覈勇于自任諸不便者多怨之

秋八月子常洛生

恭妃王氏所生

癸未十一年

春三月追奪張居正官階

明神宗萬曆十一年

夏四月張四維罷○以許
國爲東閣大學士
五月我
太祖高皇帝起兵征尼堪外
蘭克圖倫城
冬十一月朔日食
十二月慈寧宮災

甲申 十二年
春二月京師地震
釋建文諸臣外戚之謫
戍者
夏四月籍張居正家
冬十月余有丁卒
十二月以王錫爵爲文淵
閣大學士王家屏爲東

閣大學士
詔以陳獻章胡居仁王守仁從祀孔廟

乙酉 十三年
春二月京師旱大雩
秋七月雷震郊壇
八月京師地震

丙戌 十四年
春二月冊鄭氏爲皇貴妃
妃鄭氏有殊寵生子常洵進封皇貴妃而王恭妃生皇子已五歲不益封中外籍籍疑帝將立愛

丁亥 十五年
春三月

詔撦力克襲封順義王
初俺答死子乞慶

夏四月旱京師地震
秋七月江南水江北山西
陝西河南山東旱
九月朔日食不見
冬十月南京右都御史海
瑞卒
瑞力矯偷惰墨吏望風解印
去贈太子太保謚文介廣東
瓊州人

戊子 十六年
春三月詔改景皇帝實錄
去郕戾王號不果行
南畿浙江山西陝西河
南大饑疫

己丑 十七年

海瑞卒

哈襲至是乞慶哈
死子撦力克襲

春正月朔日食			
庚寅 十八年 春正月召見申時行等于毓德宮 夏六月 秋七月朔日食		命兵部尚書鄭雒經略邊防	青海酋火落赤犯邊 青海套部也
辛卯 十九年 春閏三月彗星見 夏四月朔享太廟 是後廟祀皆遣代 六月王錫爵罷 秋畿內蝗 八月申時行許國罷 以趙志皐張位爲東閣			

	大學士			
	冬十一月		遼東總兵李成梁罷	
壬辰	二十年春二月			哱拜據寧夏反討平之 哱拜西部人
	夏四月		總督河道尚書潘季馴罷 四任治河前後二十七年	
	五月			倭陷朝鮮
癸巳	二十一年春正月召王錫爵復入閣 秋七月 八月彗星見紫微		吏部尚書孫鑨罷	
甲午	二十二年			

春二月皇長子常洛出閣講學（時已十三歲）

河南饑

夏四月朔日食

五月以陳于陛沈一貫爲東閣大學士

王錫爵罷

秋八月

冬十月

吏部郎中顧憲成削籍（憲成既廢名益高里故有東林書院爲宋楊時講道處憲偕同志高攀龍錢一本鄒元標趙南星等相繼講學與政府相抗是爲東林黨議之始）

以孫丕揚爲吏部尚書

炒花犯遼東總兵官董一元擊敗之（炒花速把亥之弟也）

乙未 二十三年

夏五月京師地震

秋九月復建文年號
淮水溢浸泗州祖陵
冬十二月湖廣饑

青海酋丞邵卜犯甘肅參將達雲擊敗之

丙申 二十四年
春三月乾清坤寧兩宮災
秋七月仁聖皇太后陳氏崩
遣中官開礦 自是民不聊生變亂蠭起
閏八月朔日食
九月葬孝安皇后
冬十二月陳于陛卒

陳于陛卒

丁酉 二十五年
夏六月
秋七月赦
八月京師地震

冬十月

以黎惟潭為安南都統使

初莫登庸請封制下而登庸死遂使其孫福海襲已而福海為黎寧所逐寧死再傳至惟潭攻殺福海其孫莫茂洽復據安南茂洽死國亂鄭氏立黎暉後維邦維邦死子惟潭嗣詔以惟潭為都統使自是安南復為黎氏有而莫氏惟據高平一郡

戊戌 二十六年

夏六月張位罷

以薦楊鎬故也

秋八月京師地震

冬十一月

倭遁去官軍分道追擊敗之朝鮮平

己亥 二十七年

秋八月陝西山崩狄道縣有山長二百餘丈聲如雷者十數夜遂陷爲池山南平地湧山五高者二十餘丈

庚子 二十八年
春二月京師地震
冬十月兩畿盜起

辛丑 二十九年
夏五月旱
六月法司請熱審不報
秋八月
九月趙志皐卒
以沈鯉朱賡爲東閣大學士
冬十月立子常洛爲皇太
封子常洵福王常浩

罷山西巡撫魏允貞乞歸未幾卒晉人立祠祀之
復以李成梁鎮遼東
趙志皐卒

子

瑞王常潤惠王常瀛
桂王

壬寅 三十年
春二月帝有疾召沈一貫具詔除弊政翌日疾瘳寢前詔
閏月河州黃河竭

癸卯 三十一年
春正月營兩宮
夏四月朔日食
五月京師地震
秋七月京師大雨雹

甲辰 三十二年
夏四月朔日食
五月雷火焚長陵明樓

六月太白晝見
秋七月大雨水

乙巳 三十三年
夏五月雷震郊壇
鳳陽大風雨毀陵廟
秋九月京師地震

丙午 三十四年
夏六月畿內蝗
秋七月沈一貫沈鯉罷
冬十二月棄六堡 自是遼左藩籬盡撤

丁未 三十五年
夏五月以于慎行李廷機
葉向高爲東閣大學士

秋八月彗星見
冬十一月于慎行卒

戊申　三十六年
春二月京師地震
飭邊備
是時蒙古喀爾喀諸部悉歸我
大清
夏六月
冬十一月朱賡卒
十二月

己酉　三十七年
春二月葉向高請發言官章疏不報

庚戌　三十八年

于慎行卒

李成梁罷

朱賡卒

朵顏寇薊州京師戒嚴

夏四月正陽門災
冬十一月朔日食

辛亥 三十九年
秋九月戶部尚書趙世卿
上疏去位

壬子 四十年
夏五月朔日食
秋八月以刑部尚書趙煥
兼吏部尚書

> 時曹署多空六卿惟煥一人戶工禮三部各一侍郎都察院八年無正官六科止數人十三道皆以一人領數職督撫監司亦屢闕不補郡守缺什之五六文武大選急選官及四方教職積數千人以吏兵二科缺掌印不給牒久滯都下時攀執政輿哀訴煥累疏乞補除始除侍郎四人補

科道六十餘人

九月李廷機罷

詔卜失兔襲封順義王

癸丑 四十一年

春三月

秋大水

兩畿河南山東湖廣江西廣西俱大水

八月以方從哲吳道南爲東閣大學士

甲寅 四十二年

春二月慈聖皇太后李氏崩

三月

福王常洵之國

常洵鄭貴妃所生初廷臣請王之藩數十百奏不報迨王曰乾訐奏有詛咒皇太子欲擁立

夏六月葬孝定皇后于昭陵

秋八月葉向高罷

福王者帝不得已始令之國洛陽封賜獨厚

乙卯 四十三年

春三月朔日食

夏五月男子張差持梃入慈慶宮伏誅

下張差獄張差詞連劉成龐保皆鄭貴妃近侍也于是廷臣交章上請直攻貴妃之弟國泰且侵貴妃太子以事連貴妃大懼具言于帝曰瘋顛之人宜速決毋株連並責諸臣妄言遂磔張差于市

冬十月京師地震

丙辰 四十四年

春兩畿山東河南大饑
是歲陝西山西旱蝗
浙西廣東湖廣大水

三月朔日食

夏六月天鼓鳴
兵科給事中熊明遇疏言入春以來天鼓兩鳴于晉地流星晝隕于清豐地震二十八天火九石首雨菽河內女妖遼東兵端吐火卽春秋二百四十年間未有稠于今日者且山東大祲人相食黃河水稽天兼以太白經天輔星湛沒熒惑襲月金水從行或日光無芒日月同暈爲恆風爲枯旱天譴愈深而陛下所行皆誣天拂經之事此誠禽息碎首賈生痛哭之時也敢以八憂五漸三無之說進

秋八月皇太子出閣講學
皇太子輟講已十有二年及是始命舉行然一講而輟後

套虜犯延綏總兵官杜文煥破降之

不復舉矣

九月兵部請治兵不報

丁巳 四十五年

秋七月朔日食

吳道南罷

道南遇事有操執通達政體頗負時望因言官詆諆求去疏至二十七上帝猶慰留會母喪乃歸居二年卒

戊午 四十六年

夏四月京城濠水赤

我

大清兵克撫順

日中有黑子

閏月

六月京師地震

起楊鎬經略遼東

趙煥復爲吏部尚書

秋七月我
大清兵克清河堡
茂陵災
冬十月彗星見

己未　四十七年
春正月蚩尤旗見長竟天
三月楊鎬師師出塞敗績
爲我
大清兵擊敗也文武將吏前後死者三百一十餘人喪軍士四萬八千五百餘人亡失馬駝甲仗無算敗書聞京師大震言官交章劾鎬逮下詔獄論死
夏六月
秋八月廷臣伏文華門請
帝視朝發章奏不報

楊鎬出塞敗績

命熊廷弼經略遼東
鎬既喪師廷議以熊廷弼嘗按遼熟邊事命代鎬經略

庚申四十八年

春正月朝鮮乞援

是時我大清兵既破北關降蒙古宰賽等進攻朝鮮國王李琿上疏乞援帝降勅慰之

夏四月皇后王氏崩

秋七月帝崩

八月太子常洛卽位

庚申光宗貞皇帝泰昌元年

左光斗請以今年八月以前爲萬曆八月以後爲泰昌

罷天下礦稅及監稅中官起用建言得罪諸臣

以史繼偕沈漼爲東閣大學士

神宗末廷推閣臣給事中亓詩教等以漼及繼偕名上疏

未發至是帝召用之明年六月漼至十月繼偕至

帝有疾

內醫崔文昇下洩藥帝由此委頓楊漣劾文昇用藥之誤

以何宗彥劉一燝韓爌朱國祚並爲東閣大學士召葉向高復入閣

帝召見方從哲等于乾清宮九月朔崩

召諸臣入諭以國事復趣冊封李選侍已而鴻臚寺丞李可灼進紅丸藥帝服之是夜崩

皇長子由校卽位

廷議改明年爲天啓元年時劉一燝韓爌周嘉謨念內廷惟王安足倚引與共事安亦傾心向之內閣吏部所奏請無不從發內帑抑近倖搜拔賢才中外欣然望治

賜太監魏進忠世廕封乳母客氏爲奉聖夫人

進忠初爲帝母王才人典膳因魏朝以結王安與乳媼客氏私帝嗣位進忠客氏並有寵廕

冬十月葬定陵
以孫如游爲東閣大學
士
十二月方從哲罷

熹宗悊皇帝 名由校光宗子在位七年壽二十三歲

辛酉 天啓元年
春二月遼陽有數日並出
閏二月孫如游罷
三月我

罷熊廷弼以袁應泰經略遼東 廷弼有膽略知兵前按遼時即持守議爲經略主守益堅然性剛好嫚罵物情不甚附故御史顧慥等先後劾之廷弼憤甚抗疏求罷朝議以應泰代之

大清兵取瀋陽遼陽經略袁應泰巡按御史張銓等死之

我大清兵薄瀋陽降軍內應城破總兵賀世賢副將戚金等皆戰死應泰等幷力守遼陽大清兵掘城西閘洩濠水塞城東水口擊敗諸將渡濠薄城從小西門入應泰佩劍印自縊死大清兵循海而南海蓋金復四衛人多航海竄走山東其不能達者栖止各島間都司毛文龍至皮島招集逃民爲兵聯接登州爲犄角計朝議是之然所募皆市井烏合臨陣先走甚者遁爲盜奸民揭竿從之中原自此多事矣

夏四月立皇后張氏

以王化貞巡撫廣寧

太監魏進忠矯詔殺司禮王安

六月

秋九月葬慶陵

冬十二月

忠與客氏忌安矯詔殺之帝性機巧好親斧鋸椎鑿髹漆之事每引繩削墨忠輒奏事帝厭之謬曰朕已悉矣汝輩好爲之進忠因得擅威福

起熊廷弼經略以張鶴鳴爲兵部尚書

巡撫王化貞與經略熊廷弼不和廷弼爲化貞所牽制無所措其手而尚書張鶴鳴力主化貞議凡廷弼所奏請輒從中沮格之是以不能無誤疆事

永寧奢崇明據重慶反

殺巡撫徐可求及道府總兵等五十餘人陷瀘州遵義進圍成都石砫女土司秦良玉援成都圍遂解

罷吏部尚書周嘉謨

壬戌
二年
春正月我
大清兵取西平堡王化貞棄
廣寧與熊廷弼走入
關
二月以孫承宗爲東閣大
學士兼領兵部
三月劉一燝罷
帝閱武于禁中
夏四月大雨雹
五月有星隨日晝見
六月
秋七月沈漼罷
八月

王化貞棄廣寧與熊廷弼走入關

以毛文龍爲平遼總兵官

以孫承宗經略薊遼 承宗自請督師既至關定軍制中明

九月增田賦
冬十月

封弟由檢爲信王

職守前後築城堡數十練兵十一萬造鎧仗數百萬開屯田五十頃會我大清兵不深入而承宗防守嚴亦少敗衄軍聲頗振

左都御史鄒元標副都御史馮從吾罷

癸亥 三年
春正月以顧秉謙朱延禧朱國禎魏廣微並爲東閣大學士
遣中官刺邊事
三月太白晝見
夏四月京師地震
朱國祚罷
秋七月史繼偕罷
客氏魏忠賢殺光宗選

紅毛夷據澎湖
荷蘭人自神宗末據臺灣地後又據澎湖犯漳州已復入廈門曾家澳官軍禦却之仍築澎湖以居

侍趙氏幽裕妃張氏于別宮殺之

冬十月

十二月地震 兩京鳳陽蘇松淮揚泗滁同日俱震

括天下庫藏輸京師

以趙南星爲吏部尚書

魏忠賢提督東廠 忠賢即進忠

甲子 四年

春正月日赤無光旁有黑子

夏六月

秋七月葉向高罷

河決徐州

封光宗選侍李氏爲康妃

杖殺工部侍郎萬燝 以疏劾魏忠賢也

冬十月

十一月韓爌罷

十二月朱國禎罷

乙丑五年

春正月

夏四月太白晝見

六月朱延禧罷

罷吏部尚書趙南星

左都御史高攀龍

削吏部侍郎陳于廷

副都御史楊漣僉都

御史左光斗籍

崔呈秀復爲御史

忠賢用爲腹心

逮前副都御史楊漣

僉都御史左光斗給

事中魏大中御史袁

化中太僕少卿周朝

瑞陝西副使顧大章

下獄殺之削前吏部

尚書趙南星籍

魏忠賢向欲殺漣等又聽徐大化之言坐漣等受熊廷弼賄下獄論死

秋八月毀天下講學書院 以周如磐丁紹軾黃立 極馮銓並爲東閣大學 士 魏廣微罷		殺前遼東經略熊廷 弼
冬十月 十二月榜東林黨人姓名 示天下		罷孫承宗以高第代 爲經略
丙寅　六年 春正月作三朝要典 三月 夏四月丁紹軾卒		高第罷以王之臣督 師袁崇煥巡撫遼東 逮前左都御史高攀 龍吏部員外郎周順 昌蘇松巡撫周起元 諭德繆昌期御史李

六月京師地震
閏月馮銓罷
秋七月以施鳳來張瑞圖
李國檣爲東閣大學士
九月顧秉謙罷
冬十月

應昇周宗建黃尊素
攀龍自沉于池順昌
等下獄皆殺之
忠賢欲殺攀龍等七人取織造太監李實空印牒爲疏誣起元巡撫時乾沒帑金十餘萬日與攀龍等往來講學遂矯旨分逮諸人

丁紹軾卒

建魏忠賢生祠

進魏忠賢爵上公從子良卿寧國公

丁卯 七年
春二月

召王之臣還

夏五月

秋七月

八月帝崩信王由檢卽位

九月立皇后周氏

冬十月南京地震

十一月

十二月以錢龍錫李標來

監生陸萬齡請祠魏忠賢于國子監許之

罷袁崇煥以王之臣代之

封魏忠賢從孫鵬翼爲安平伯加少師從子良棟爲東安侯加太子太保良卿加太師

良棟鵬翼尚在襁褓良卿至代天子享南郊祭太廟于是天下知忠賢欲竊神器矣

魏忠賢崔呈秀及客氏等皆伏誅

宗道楊景辰黃道登劉鴻訓並爲東閣大學士

莊烈愍皇帝

名由檢熹宗之弟在位十七年壽三十五歲

戊辰 崇禎元年

春正月尊熹宗皇后爲懿安皇后

三月葬德陵

施鳳來張瑞圖罷

夏四月

五月李國𣝈罷卒諡文敏

毀三朝要典

倪元璐上言曰梃擊紅丸移宮三議鬨于清流而要典成

起周嘉謨爲南京吏部尚書

諸忤璫逮死若楊漣左光斗魏大中周順昌等卹贈有差嘉謨在位踰年卒

以袁崇煥督師薊遼

于逆豎其議可兼行而其書宜速毀從之

六月來宗道楊景辰罷

秋七月浙江海溢

九月京師地震

冬十二月召韓爌復入閣

己巳

二年

春正月定逆案

海寇鄭芝龍降芝龍福建人降後擊殺大寇李魁奇鍾斌劉香海氛漸息巡撫熊文燦善遇之	陝西饑流賊大起先是闖黨喬應中巡撫陝西朱童蒙巡撫延綏岳貪贖不卹民又連歲大祲白水賊王二府谷賊王嘉允宜川賊王左掛等一時並起攻城堡殺官吏安塞馬賊高迎祥自稱闖王飢民王大梁等應之三邊飢軍亦羣起爲盜又驛站被裁冗卒無所得食皆從賊	以楊鶴總督三邊捕	

自魏忠賢客氏外首逆同謀崔呈秀魏良卿等六人交結近侍秋後處決者梁夢環等十九人以次充軍徒贖革職閑住凡六等共二百餘人詔示天下

夏五月朔日食

六月

冬十一月我

大清兵下遵化遂薄燕京

我

大清文皇帝親統大軍入洪山口別將克大安口會于遵化山海關總兵官趙率教巡撫王元雅等死之自順義西薄都城尋下良鄉迴軍蘆溝橋進逼永定門京師大震

以成基命爲東閣大學士

流賊

袁崇煥殺毛文龍于雙島

十二月錢龍錫罷以周延儒何如寵錢象坤並爲東閣大學士

庚午　三年

春正月韓爌罷

二月立子慈烺爲皇太子

三月李標罷

夏五月我

大清兵東歸

先是我大清兵取遵化永平等處皆留兵防守及東還分兵取山海關守將官惟賢力戰乃還攻撫寧昌黎京師道梗我大清兵遂棄永平出冷口而歸

六月以温體仁吳宗達爲東閣大學士

下督師袁崇煥于獄

以朝士都人疑其縱敵而譖之也

流賊陷府谷

賊帥王嘉允掠延綏慶陽陷府谷又有神一元不沾泥

秋八月殺前督師袁崇煥

逮前文淵閣大學士錢

龍錫下獄遣戍

冬十二月增田賦

辛未 四年

夏四月旱

等凡十餘部旋撲旋熾

張獻忠聚衆反巡撫洪承疇擊敗之獻忠遁

獻忠陝西延安衛柳樹澗人與李自成同歲生性狡譎嗜殺一日不殺人輒悒悒不樂

殺前督師尚書袁崇煥

副將曹文詔敗賊于河曲

王嘉允久據河曲文詔敗之嘉允遁已而爲左右所殺其黨共推王自用爲魁自用結羣賊高迎祥張獻忠等

六月錢象坤罷
秋八月我
大清兵圍大淩城祖大壽偕
諸將降
何如寵罷
九月
冬十月朔日食
十一月
閏月

共三十六營衆二十餘萬聚山西李自成自延綏往依之號闖將

以洪承疇總督三邊軍務

孫承宗罷

登州遊擊孔有德反有德與耿仲明皆毛文龍帳下卒也文龍死走入登州巡撫孫元化用爲遊擊大淩圍急元化遣有德赴援抵吳橋遂反未幾降于
大清

廣鹿島副將尚可喜

遣人齎書瀋陽納款
清以爲總兵

壬申 五年
夏五月以鄭以偉徐光啓
爲東閣大學士
秋八月
副將曹文詔等連敗
賊于平涼慶陽
九月
流賊連陷山西州縣
高迎祥羅汝才張
獻忠等也

癸酉 六年
春正月
總兵曹文詔擊山西
賊屢敗之
二月
流賊犯畿南河北
夏六月鄭以偉卒
周延儒罷
鄭以偉卒
秋七月我

大清兵取旅順
九月以錢士升爲東閣大學士
冬十月徐光啓卒
十一月以王應熊何吾騶爲東閣大學士

徐光啓卒

賊渡河分掠南陽汝寧遂犯湖廣 賊始起陝西高迎祥最強李自成屬焉及渡河自成始別爲一軍

甲戌 七年
春正月
三月朔日食
秋七月我大清兵入上方堡至宣府京師戒嚴

以陳奇瑜總督河南山陝川湖軍務討流賊

我太宗文皇帝親征察哈爾旋師入大同宣府下城堡數十

冬十一月

逮陳奇瑜下獄以洪承疇代之

乙亥 八年

夏六月

秋七月以文震孟張至發爲東閣大學士

賊復走陝西總兵官曹文詔等戰死

八月

以盧象昇總理江北河南山東湖廣四川軍務討流賊

九月王應熊罷

冬十一月何吾騶文震孟罷

洪承疇破賊于渭南

丙子 九年

春正月以林釬爲東閣大學士		盧象昇敗賊于滁州
二月		寧夏兵亂殺巡撫王楫
三月		賊高迎祥李自成復入陝
夏四月罷錢士升		
六月林釬卒以孔貞運賀逢聖黃士俊並爲東閣大學士		林釬卒
秋七月朔日食		陝西巡撫孫傳庭擊高迎祥于盩厔擒之送京師伏誅
我 大清兵入塞入昌平連下畿內州縣詔徵諸鎮兵入援		

八月我
大清兵東歸
九月
丁丑十年
春正月朔日食
二月我
大清兵下朝鮮克王京圍國王李倧于南漢山城已復破江華島倧奉表出降與明絕
三月
夏六月温體仁罷
兩畿山西大旱山東河南蝗

唐王聿鍵起兵勤王廢爲庶人錮之鳳陽

以盧象昇總督宣大山西軍務

起楊嗣昌爲兵部尚書

秋八月以劉宇亮傅冠薛
國觀爲東閣大學士
冬十月
十二月黃士俊罷

李自成犯四川

戊寅 十一年
春三月賀逢聖罷
夏四月張至發罷
六月孔貞運罷以楊嗣昌
程國祥方逢年蔡國用
范復粹並爲東閣大學
士嗣昌兼掌兵部
八月傅冠罷
九月我
大清兵入塞燕京戒嚴
時楊嗣昌與高起潛主和盧象昇主戰議不合

張獻忠僞降總理軍務熊文燦受之

洪承疇大破李自成于潼關

大清兵分三路下是冬下畿輔城四十八前大學士高陽孫承宗死之明年春下山東州縣十有六執德王由樞布政使張秉文等死之

冬十二月方逢年罷

盧象昇兵潰于鉅鹿死之

己卯 十二年

春正月

二月劉宇亮罷

三月我

大清兵出青山口

夏四月

程國祥罷

五月以姚明恭張四知魏

以洪承疇總督薊遼軍務孫傳庭總督保定山東河北軍務尋下傳庭于獄

總兵左良玉敗賊于鎮平關

張獻忠復叛

照乘並爲東閣大學士
六月畿內山東河南山西
旱蝗
秋八月命楊嗣昌督師討
賊

庚辰 十三年
春二月
夏四月以謝陞陳演爲東
閣大學士
五月姚明恭罷
六月薛國觀以罪免尋賜

官軍大敗張獻忠于太平
逮江西巡撫解學龍及黃道周下獄尋遣戍
石砫女官秦良玉敗羅汝才于夔州
汝才犯夔州良玉連敗之斬千餘級奪汝才大纛擒其渠六人汝才走大寧

死

秋七月

九月

冬十一月南京地震

張獻忠與羅汝才合官軍敗績于夔州

李自成走鄖均張獻忠陷劍州

時河南斗穀萬錢民盡起爲盜杞縣舉人李信者逆案中尚書李精白子也嘗出粟賑飢民民德之會繩妓紅娘子作亂據之信强委身事之信不從逃歸有司疑其爲內應執下獄紅娘子來救城中民應之共出信往歸自成改名巖盧氏舉人牛金星磨勘被斥歸自成爲主謀薦卜者宋獻策長三尺餘上圖讖云十八子主神器自成大悅巖因說自成勿殺人散所掠財物賑飢民復造謠詞曰迎闖王不納糧于是從賊者日衆

十二月兩畿山東河南山西陝西饑人相食

辛巳十四年春正月

二月

三月我大清兵圍錦州

秋七月洪承疇援錦州次松山

錦州圍久承疇先後調馬科吳三桂等凡八大將兵十三萬進次松山

我太宗文皇帝親督戰王樸吳三桂等

洛陽城陷福王常洵死

襄陽城陷襄王翊銘死

張獻忠復東走

李自成陷河南殺福王常洵

張獻忠陷襄陽殺襄王翊銘

楊嗣昌自殺

聞襄陽洛陽陷憂懼不食死

俱夜遁軍士被邀擊死者
無算曹變蛟走入松山與
承疇堅守

臨清運河涸京師大疫

八月

九月召周延儒賀逢聖復
入閣

冬十月朔日食

十一月

壬午 十五年

春二月我
大清兵克松山洪承疇降遂
下錦州

松山圍久食盡督師范志完
不能救城破巡撫邱民仰總

南陽城陷唐王聿鏌
死

左良玉敗張獻忠于
信陽

陝西總督傅宗龍軍
潰于新蔡死之

李自成陷南陽殺唐
王聿鏌總兵官猛如
虎死之

陝西總督汪喬年軍
潰于襄城死之

兵官曹變蛟等死之承疇與總兵祖大樂皆降寧遠關門勁卒盡喪祖大壽遂以錦州降杏山塔山皆下帝論諸逃將罪誅王樸鐫吳三桂三秩時諸將多擁厚貲賂權要故樸以外皆獲宥

夏四月魏照乘謝陞罷

五月

六月賀逢聖張四知罷以蔣德璟黃景昉吳甡並爲東閣大學士

秋七月

九月

張獻忠陷廬州起馬士英總督廬鳳軍務

左良玉兵潰于朱仙鎮諸鎮皆潰

楊文岳合虎大威楊德政方國安及良玉四鎮兵朱仙鎮良玉見賊盛一夕拔營走襄陽衆皆潰

李自成決河灌開封

冬十一月我

大清兵入薊州連下畿南山東州縣

時關內外並建二督又設二督于昌平保定又有寧遠永平順天保定密雲天津六巡撫寧遠山海中協西協昌平通州天津保定八總兵星羅碁布無地不防而事權反不一警報至急徵諸鎮入援而我

大清兵已克薊州分道南下河間以南多失守至山東魯王以派自殺明年夏我

大清兵始北旋帝憂甚及我

大清兵至懷柔趙光抃合唐通白廣恩等八鎮兵邀戰于螺山盡

城陷

時河南郡邑無不殘破朝廷不復設官人多結寨自保大者洛陽李際遇汝寧沈萬登南陽劉洪起兄弟衆各數萬諸小寨附之

潰總兵張登科和應薦敗沒

癸未 十六年

春正月

二月朔日食

京師大疫

夏五月以魏藻德爲東閣大學士

吳甡周延儒罷

楚王華奎沉湖死

李自成陷承天 自成初無遠圖所得城邑輒焚燬棄去及灌開封敗秦軍羣賊皆來附乃脅崇王由樻使從軍陷荊襄諸郡殺湘陰王儼鉡遂犯承天焚獻陵徇下旁近州縣自號奉天倡義大元帥稱羅汝才代天撫民威德大將軍衆各數十萬自成尋襲殺汝才并其衆設官屬僭號新順王

張獻忠陷武昌前文淵閣大學士賀逢聖死之 以篋輿沉楚王華奎于東湖逢聖方家居載家人至墩子湖鑿舟沉之死者二十餘人

六月雷震奉先殿

秋八月

九月黃景昉罷

冬十月

十一月以李建泰方岳貢爲東閣大學士

十二月周延儒以罪賜死

甲申 我大清世祖章皇帝順治元年 明莊烈帝崇禎十七年是年三月流賊陷燕京五月我大清兵定京師

春正月朔

明以范景文邱瑜爲東

吉王惠王桂王皆遁入廣西

張獻忠陷湖南諸郡 獻忠據武昌僭號西王設官屬

李自成破潼關總督孫傳庭死之遂陷西安延安諸郡

李自成僭號于西安

閣大學士

二月明陳演罷

演在閣惟以賄聞初賊入山西薊遼總督王永吉請移寧遠總兵吳三桂于關門選士卒策應京師演與魏藻德堅持不可後賊逼演不自安且謀脫難遂引疾去帝叱之出

大清世祖章皇帝順治元年
明莊烈帝崇禎十七年

自成僭稱王國號順改元永昌設大學士以下官封其數黨爲侯伯○自成陝西米脂人也崇禎初秦中壘饑會四方勤王兵潰因與饑民合嘯聚山中其賊首有滿天星闖塌天過天星不沾泥八大王混世王橫天一字王等號蹂躪直省無虛日殺戮之慘天地爲黑

張獻忠寇四川

陷重慶殺瑞王常浩陷成都蜀王至澍闔府死自是蜀中郡縣俱沒賊大肆掠殺幾無孑遺後會大清兵至漢中斬獻忠于順慶之金山鋪

李自成陷太原遣別將犯畿南陷真定

李自成陷寧武關明總兵官周遇吉力戰死之

自成至關遇吉悉力拒守已而馬蹶

曰汝死不足敝辜京師陷演與魏藻德方岳貢邱瑜俱降賊後皆爲賊所殺

三月明蔣德璟罷

李自成陷京師明帝崩于萬歲山大學士范景文等死之

丙午日晡外城陷明帝登萬歲山望南城烽火徹天嘆息曰苦我民耳遂命分送太子定王永王于外戚周田二家劍擊長公主令皇后自盡翌日昧爽內城陷鳴鐘集百官無至者帝復登山書衣襟爲詔曰朕涼德藐躬上干天咎然皆諸臣誤朕朕無面目見祖宗自去冠冕以髮覆面任賊分裂勿傷百姓一人以帛自經于壽皇亭太監王承恩對縊

帝兄福王由崧稱宏光于江寧至乙酉五月而亡

時左良玉傳檄討馬士英未幾而卒既而揚州城陷史可法自殺

被執罵賊死闔室自焚自成嘆曰使守將盡如周將軍吾安得至此

李自成犯居庸明中官杜之秩叛以關降

夏四月

大軍破李自成于山海關

初明吳三桂奉詔入援至山海關聞燕京陷猶豫不進自成執其父襄令作書招之三桂欲降及聞愛妾為賊所掠大憤急遣使乞降于我朝求共討賊自成率衆東犯我大軍入關奮擊大破賊追北四十里自成奔永平殺吳襄走還京師

五月

大軍定京師

自成敗還僭帝號于武英殿遂焚九門城樓挾太子二王西走

大兵至下令安輯百姓以禮葬崇禎帝后及熹宗懿安后

大清世祖章皇帝順治元年
明莊烈帝崇禎十七年

李自成奔山西

通城羅公山邨民殺之或曰自成在黔陽邨民殺之

歷代統紀表卷之十三

西元二〇二〇年四月一日重製一版

歷代統紀表

冊四（清段長基撰）

平裝四冊基本定價參仟參佰元正
（郵運匯費另加）

發行人　張　敏　君
發行處　中　華　書　局
臺北市內湖區舊宗路二段一八一巷八號五樓（5FL., No. 8, Lane 181, JIOU-TZUNG Rd., Sec 2, NEI HU, TAIPEI, 11494, TAIWAN）
客服電話：886-2-8797-8396
公司傳真：886-2-8797-8909
匯款帳戶：華南商業銀行西湖分行
179100026931
印　刷：維中科技有限公司
海瑞印刷品有限公司

No. N1019-4

國家圖書館出版品預行編目(CIP)資料

歷代統紀表 / (清)段長基. -- 重製一版. -- 臺北
市 : 中華書局, 2020.04
冊 ; 公分
ISBN 978-986-5512-03-3(全套 : 平裝)

1.中國史 2.年表

610.5 109003700